Erinnerungen an Leo N. Tolstoi

grafinia A. A. Tolstaia

Alpha Editions

This edition published in 2022

ISBN : 9789356902787

Design and Setting By
Alpha Editions
www.alphaedis.com
Email - info@alphaedis.com

As per information held with us this book is in Public Domain.
This book is a reproduction of an important historical work. Alpha Editions uses the best technology to reproduce historical work in the same manner it was first published to preserve its original nature. Any marks or number seen are left intentionally to preserve its true form.

Einleitung

Die Verfasserin nachstehender Erinnerungen, Gräfin A. A. Tolstoi, war elf Jahre älter als Leo Tolstoi; sie wurde 1817 geboren und starb 1904. Von 1846 bis zu ihrem Tode war sie Hofdame, zunächst bei der Tochter Kaiser Nikolaus' I., Maria Nikolajewna, späteren Herzogin von Leuchtenburg. 1866 wurde ihr die Erziehung der Tochter Kaiser Alexanders II., Maria Alexandrowna, anvertraut, die sie bis zu deren Verheiratung, 1874, mit dem Herzog Alfred von Edinburg, späterem Herzog von Koburg, leitete. Danach lebte sie als Hofdame der Kaiserin bis zu ihrem Ende im Winterpalais in Petersburg.

Die Bekanntschaft und Freundschaft der Gräfin mit ihrem Neffen Leo Tolstoi begann 1855 und dauerte bis zum Tode der Gräfin. Allerdings trat in den späteren Jahren wegen der räumlichen Trennung und Tolstois Verheiratung, besonders auch wegen religiöser Meinungsverschiedenheiten zwischen beiden eine Entfremdung ein, die aber nie zum völligen Abbruch der Beziehungen führte. Die Gräfin Tolstoi blieb bei all ihrer umfassenden Bildung und ihren glänzenden Geistesgaben bis zu ihrem Ende eine streng bibelgläubige Kirchenchristin, die von ihren Überzeugungen nicht ein Titelchen preisgab. Es versteht sich von selbst, daß sie unter diesen Umständen dem Reformator Tolstoi keine Sympathie entgegenbringen konnte. Wohl aber war und blieb sie dem großen Menschen bis an ihr Ende in herzlicher Liebe und Verehrung zugetan, und ihre stete Fürsorge und Fürsprache beim Kaiser hat mehr als einmal drohendes Unheil von Tolstoi abzuwenden gewußt.

Die Erinnerungen sind durchaus nicht im Sinne unbedingter Verehrung Tolstois geschrieben; im Gegenteil: es herrscht durchweg ein kritischer Ton vor, der die Persönlichkeit Tolstois scharf unter die Lupe nimmt und seine religiösen und philosophischen Werke vom Standpunkte der rechtgläubigen Christin in Bausch und Bogen verwirft. Trotzdem haben die Erinnerungen als Beitrag zu Tolstois Biographie und Charakteristik unschätzbaren Wert; denn sie rühren von einer geistig sehr hochstehenden Frau her, die Tolstoi jahrzehntelang als Geistesgefährtin durchs Leben begleitet hat. Das ergibt sich aus dem Inhalt. –

Die Erinnerungen sind dem Tolstoi-Museum in Petersburg unter der Bedingung ihrer Veröffentlichung erst nach dem Tode Leo Tolstois und dem der Verfasserin überwiesen worden. Sie gelangen hier, wenig gekürzt, zum Abdruck in deutscher Sprache.

Dr. Adolf Heß.

Erinnerungen der Gräfin A. A. Tolstoi

Ich weiß nicht mehr genau, wann ich Leo Tolstoi zum ersten Male traf. Ich glaube, es war in Moskau bei unserem gemeinsamen Verwandten Grafen Fedor Iwanowitsch Tolstoi, mit Beinamen »der Amerikaner«.

Als Kind kannte ich, trotz unserer ziemlich nahen Verwandtschaft, Tolstoi nicht. Ich lebte beständig in Zarskoje Selo oder in Petersburg; Leo dagegen auf dem Lande in Tula, oder vorher in Moskau und Kasan, wo er seine Ausbildung erhielt. Ein ganz klares Bild von ihm habe ich bereits bei seiner Rückkehr aus Sewastopol, 1855, als Artillerieoffizier, und ich weiß noch, welch lieben Eindruck er damals auf uns alle machte. Durch sein 1852 erschienenes Werk »Kindheit« war Tolstoi dem Publikum bereits bekannt. Alle Welt lobte diese reizende Schöpfung, und wir waren sogar stolz auf das Talent unseres Verwandten, wenngleich wir seine spätere Berühmtheit natürlich noch nicht ahnten.

Tolstoi war sehr einfach, außerordentlich bescheiden und so voll scherzhafter Lustigkeit, daß seine Gegenwart auf alle anregend wirkte. Von sich selbst sprach er selten, musterte aber jedes neue Gesicht mit besonderer Aufmerksamkeit und gab dann seine stets extremen Eindrücke in komischer Form wieder. Der Beiname »Dünnhäuter«, den seine Gattin ihm später gab, paßte ausgezeichnet auf ihn; denn jeder kleine Wesenszug, den er an anderen wahrnahm, wirkte in vorteilhaftem oder unvorteilhaftem Sinne äußerst stark auf ihn. Er erriet die Menschen mit seinem künstlerischen Instinkt, und sein Urteil bewahrheitete sich oft in verblüffender Weise. Gute, verständige und ausdrucksvolle Augen ersetzten in seinem unschönen Gesicht reichlich, was ihm an Schönheit abging. Das Gesicht, kann man sagen, war mehr als nur schön.

In den ersten zwei oder drei Jahren unserer Bekanntschaft sahen wir uns ziemlich häufig, allerdings mit Unterbrechungen. Unsere Lebenswege hatten gar zu wenig Gemeinsames: ich war damals schon bei Hofe; Leo erschien nur besuchsweise in Petersburg.

Wir alle hatten ihn so gern, daß sein Kommen für uns stets große Freude bedeutete; es war das aber noch nicht der Beginn jener Freundschaft, die uns dann für das ganze Leben verband. Diese entwickelte sich erst 1857 in der Schweiz, wohin ich nach der Krönung Kaiser Alexanders II. mit der Großfürstin Maria Nikolajewna reiste. Hofdame bei der Großfürstin war ich schon seit 1846; meine Schwester Elisabeth leitete die Erziehung ihrer Tochter Eugenie Maximilianowna, jetziger Prinzessin von Oldenburg. Wir verbrachten den ganzen Winter in Genf, und im März stand zu unserer größten Überraschung plötzlich Leo Tolstoi vor uns – sein Erscheinen wie Verschwinden machte stets den Eindruck eines *coup de théatre*.

Ich stand damals noch nicht mit ihm in Briefwechsel; wir wußten gar nicht, wo er sich befand, vermuteten ihn in Rußland.

»Ich komme direkt aus Paris,« erklärte er. »Die Stadt hat mich angewidert, daß ich fast den Verstand verloren hätte. Was habe ich nicht alles gesehen ... Zunächst waren in dem *hôtel garni*, in dem ich wohnte, sechsunddreißig Haushaltungen und davon neunzehn wilde Ehen! Dann wollte ich mich einmal auf die Probe stellen und ging zu einer Hinrichtung, bei der ein Verbrecher guillotiniert wurde. Danach konnte ich nicht mehr schlafen und wußte nicht, wohin. Zum Glück erfuhr ich, daß Sie in Genf wären, und reiste unverzüglich hierher, in der Hoffnung, daß Sie mich retten würden!«

Wirklich, nachdem Tolstoi sein Herz vollständig ausgeschüttet hatte, beruhigte er sich, und wir verbrachten eine schöne Zeit, wanderten im Gebirge umher und genossen so recht das Leben. Es war herrliches Wetter und die Natur unbeschreiblich schön. Wir priesen sie mit der Begeisterung von Bewohnern der Ebene, während Tolstoi sich bemühte, unsere Begeisterung durch die Versicherung zu dämpfen, im Vergleich mit dem Kaukasus sei das alles nichts. Uns genügte trotzdem, was wir sahen.

An unseren Ausflügen nahmen bisweilen russische Bekannte teil. Meine Schwester, die leibhaftige Fürsorge anderer, verlieh den Ausflügen dadurch einen besonderen Reiz, daß sie in einem riesigen Sack das mitschleppte, was jedem von uns Vergnügen bereiten konnte. Eines Tages erstiegen wir den Gipfel des Mont Salève, von dem man eine herrliche Fernsicht hat; wir machten in dem kleinen hübschen Hotel Station, fanden aber entschieden nichts, was unseren Hunger stillen konnte. Natürlich erschien der Rucksack auf der Bildfläche, und während meine Schwester ihn öffnete, hefteten alle ihre gierigen Blicke darauf. Was war alles darin! Tee, Konfekt, Früchte, Pasteten, Gebäck, sogar Wein und Selterswasser ...

Ich sehe noch Tolstois entzücktes Gesicht. Er freute sich wie ein kleiner Junge auf die Leckereien und lobte die Schwester bis in den Himmel: »Ja Lisa, Babuschka (Großmütterchen, Mütterchen), die versteht ihre Sache!« Dann aber wollte er sie foppen, wozu er überhaupt sehr geneigt war. »Splendide, wie Sie sind,« meinte er zu Lisa, »haben Sie wieder einen ganzen Wagen Vorräte mitgeschleppt, und doch haben Sie etwas vergessen. Ich wette, daß Sie z. B. keine Karten mitgebracht haben!«

Schweigend griff die Schwester in den Sack und holte zwei Spiele Karten hervor. Nun kannte Tolstois Freude keine Grenzen, obgleich Karten hier, wo die Augen nicht ausreichten, um den prächtigen Sonnenuntergang und die unendliche Bergkette wahrzunehmen, sehr überflüssig waren.

»Babuschka« nannte Tolstoi uns im Scherz; er meinte, zu Tanten wären wir, besonders ich, viel zu jung – eins seiner beliebten Paradoxa.

Beiläufig will ich hier unser Verwandtschaftsverhältnis erwähnen. Mein Großvater hatte von einer Frau dreiundzwanzig Kinder, von denen mein Vater das jüngste war, so daß einige Kinder der älteren Geschwister gleichen Alters mit ihm waren. Leo Tolstois Vater, Graf Nikolai Ilitsch, war der richtige Neffe meines Vaters, nämlich der Sohn seines älteren Bruders Ilja, der als Graf Rostow in »Krieg und Frieden« beschrieben ist. Leo Tolstoi war also unser Neffe und nur einige Jahre jünger als wir.

Ich kehre zu meiner Erzählung zurück.

Leo verbrachte die ganze Fastenzeit mit uns. Er war damals durchaus kein Gegner der Kirche; er sah uns alle fasten und beichten und wollte selbst beichten, was ihm übrigens nicht gelang. Die nichtigste Veranlassung konnte ihn plötzlich umstimmen, was mich sehr betrübte.

Nach Ostern begab er sich nach Vevey, wo wir ziemlich viel gemeinsame Bekannte hatten. Die Großfürstin entließ mich auf mein Bitten dorthin. Was war das für eine herrliche Fahrt und welche Reihe entzückender Tage!

Beim Besteigen des Dampfers bemerkte ich in Tolstois Händen einen sehr anständigen Koffer, worüber ich mich einigermaßen wunderte, da Tolstoi in seinem Äußeren sonst ziemlich schlampig war.

»Was heißt denn das?« fragte ich spöttisch. »Dieser Luxus sieht dir doch sonst gar nicht ähnlich.«

»Wieso?« meinte er ganz ernst. »Ich bin bald dreißig Jahre alt und muß jetzt mehr auf Ordnung halten. Dieser Koffer mit seinem ganzen Inhalt an Wäsche usw. reicht genau für eine Woche. Dann kommt ein anderer an die Reihe für einen Monat, und schließlich der dritte muß für das ganze Leben reichen.«

Scherz bleibt Scherz, aber in alledem lag ein Teilchen Wahrheit. Tolstoi trachtete stets danach, sein Leben neu zu gestalten, die Vergangenheit wie ein altes Gewand abzustreifen. Naiverweise hielten wir beide es damals für möglich, in einem Tage ein anderer Mensch zu werden! Wir waren geistig weit jünger als unsere Jahre. Wie viele Kämpfe hatten wir durchzumachen, wie viele Enttäuschungen zu erleben, bis wir uns von der Unmöglichkeit überzeugten, ohne Hilfe von oben auszukommen!

Jemand hat gesagt – ich glaube Sokrates oder Plato: »Eins weiß ich: daß ich nichts weiß.« Man möchte hinzufügen: »und nichts kann.«

Für Tolstoi war es weit schwieriger, sich zu dieser Erkenntnis durchzuringen. Er fühlte in sich die Kraft der Begabung, obgleich er damals selten mit sich zufrieden war.

Trotz verschiedener Erziehung und verschiedener Lebensverhältnisse hatten wir einen gleichen Zug: wir waren beide schreckliche Enthusiasten und Analytiker, liebten aufrichtig das Gute, verstanden aber nicht, es uns regelrecht anzueignen. Wir zergliederten unser Inneres bis in die feinsten Fasern und hielten das für sehr lobenswert, während es tatsächlich nur unsere Phantasie kitzelte, zur Verbesserung unseres Lebens dagegen nicht im geringsten beitrug. Leo war damals schon der alles Kritisierende und Verneinende, allerdings mehr mit dem Verstande als mit dem Herzen. Seine Seele war ebenso für den Glauben wie für die Liebe geboren; das brachte er, ohne es selbst zu merken, bei verschiedenen Gelegenheiten zum Ausdruck.

Unsere Gespräche betrafen oft religiöse Themen; wir verstanden uns aber nicht. Wie konnte ich die unendliche Vielseitigkeit seiner Natur begreifen! Lächerlich, wie ich mich bemühte, ihn auf meine Fasson umzuarbeiten, während er sich vor meinen idealen Theorien fast bekreuzigte. Es kam nichts dabei heraus als endlose Wortgefechte, die allerdings nicht hinderten, daß wir uns immer näher rückten ...

An einem herrlichen Maimorgen also trieben wir auf dem spiegelglatten Genfer See Vevey zu. Dort kehrten wir in der Pension Perret ein, wo es unglaublich schlechte Verpflegung gab. Leo versicherte, die Suppe wäre aus Feldblumen bereitet. »Schmeckst du nicht die heute morgen gepflückten Glockenblumen heraus? Du hast sie weggeworfen, aber die Wirtsleute benutzen sie, und jetzt müssen wir dafür bezahlen!« – Bei Tisch waren noch drei langzähnige, wenig schöne Engländerinnen zugegen, die uns aus irgendeinem Grunde feindselig musterten. Möglich, daß unsere unbändige Heiterkeit ihrer großbritannischen Gesetztheit auf die Nerven fiel – übrigens blieben wir nicht lange, sondern suchten bald Bekannte in der Nähe auf. Leo riß durch seine originellen Einfälle und seine kindliche Heiterkeit alle zur Lustigkeit hin. Eines Morgens begaben wir uns allesamt zu Fuß auf den Glyon – bekanntlich der höchste Punkt in der Nähe von Vevey. Unser Weg war wörtlich wie bildlich mit Blumen bestreut. Ein üppiger Frühling schlug uns ins Gesicht und berauschte uns. Alle ohne Unterschied der Jahre waren ausgelassen wie die Schulkinder. Als der Berg im Schweiß des Angesichts erklommen war, fanden wir das Gastzimmer des einzigen Hotels auf der Höhe brechend voll von Engländern, Amerikanern und allen möglichen Leuten.

Nach dem Tee setzte Leo sich, ohne das zahlreiche Publikum zu beachten, ans Klavier und forderte uns auf, zu singen. Ich darf, ohne Schüchternheit, sagen, daß ich eine schöne Stimme hatte und viel Musik trieb;

ebenso Frau Puschtschin, die recht gut Alt sang, während zwei unserer Freunde den Baß übernahmen. Leo machte am Klavier den Kapellmeister.

Ich weiß nicht, ob unser improvisiertes Konzert in musikalischer Hinsicht strenggenommen befriedigte; bei offenen Fenstern aber machte sich in dem großen Raume alles sehr nett, ja poetisch. Wir sangen »Gott erhalte den Zaren«, russische, Zigeunerlieder, alles, was Leo in den Kopf kam ... Der Erfolg war glänzend. Die Ausländer überhäuften uns mit Komplimenten – jeder in seiner Sprache, und baten uns, weiter zu singen. Wir kamen ihnen sehr gelegen: erstens forderten wir wandernde Musikanten keinen Lohn, und zweitens vertrieben wir ihnen die Langeweile.

Am nächsten Tage wiederholte sich dasselbe Schauspiel in unserer Pension. Orpheus, die Bestien bezähmend. Die gefährlichen Engländerinnen wurden derart zahm, daß sie uns Stühle holten, uns mit Tee, Konfekt traktierten usw.

Als mein Urlaub zu Ende war, kehrte ich nach Genf in die Villa Boccage zurück, wohin die Großfürstin zu Frühlingsanfang übergesiedelt war. Leo blieb in Vevey und machte mir Vorwürfe, daß ich mich vom »Schornstein« (so nannte er, ich weiß nicht warum, den Hof) nicht trennen könnte.

In diese Zeit fiel der Beginn unserer langjährigen Korrespondenz: Telegramme, Briefe, Billette flogen täglich über den See. Natürlich ist von alledem wenig erhalten geblieben, doch fielen mir kürzlich u. a. ein paar Verse in die Hand, die Leo mir damals aus Vevey sandte. Ich muß gestehen, daß ich dieses Dokument längstvergangener Jahre mit besonderem Vergnügen begrüßte, obwohl die Verse an und für sich recht harmlos sind. Ich führe sie nur als Beweis unserer damaligen lustigen Stimmung an.

Vorgestern empfing ich

Mütterchens Billett,

Und seitdem verschling ich

Die Pension Perret.

Aller Lustgedanken

Hab ich mich begeben –

Mütterchen, ich möcht' mit

Dir im »Schornstein« leben.

Außerdem erschien Leo unaufhörlich aus Vevey in Genf, aber nicht allein, sondern in Begleitung zweier Bekannter, deren Späße kein Ende fanden. Im Juni unternahmen wir eine längere Reise mit den Kindern der Großfürstin ins Berner Oberland. Die erste Nachtstation war Vevey in dem bekannten Hotel Monnet. Kaum saßen wir bei Tisch, als ein Kellner mir mit geheimnisvoller Miene meldete, unten sei jemand, der mich zu sprechen wünsche. Voller Ahnungen ging ich schnell nach unten, wo die drei, in lange Plaids gehüllt und mit phantastischen Federhüten, bei meinem Anblick alsbald eine wahrhaft infernalische Musik begannen. Die Noten lagen, wie bei wandernden Musikanten, auf der Erde, und die Instrumente vertraten Stöcke. Stimmen und Stöcke traten abwechselnd in Tätigkeit. Ich verging fast vor Lachen, und die Kinder der Großfürstin waren untröstlich, dieser Vorstellung nicht beigewohnt zu haben.

Nach mehrtägigen Wanderungen über Berg und Tal gelangten wir nach Luzern, und hier tauchte, wie aus dem Boden gewachsen, wieder Leo auf. Er war zwei Tage vor uns angelangt und hatte bereits ein ganzes Drama erlebt, das dann unter dem Titel »Luzern« als Erzählung in der Öffentlichkeit erschien. Leo war schrecklich erregt und konnte seinen Unwillen nicht verbergen. Wir erfuhren folgendes: Tags zuvor hatte ein Wandermusikant sehr lange vor der Terrasse des »Schweizerhof« gespielt, auf der ein zahlreiches vornehmes Publikum versammelt war. Alles hörte dem Musikanten mit Vergnügen zu; als dieser dann aber den Hut hinhielt, um seinen Lohn in Empfang zu nehmen, warf niemand auch nur einen Sou hinein – allerdings ein wenig hübscher Zug, dem Leo aber fast die Bedeutung eines Verbrechens beimaß.

Um sich an der geputzten Gesellschaft zu rächen, nahm er vor aller Augen den Musikanten am Arm, ließ ihn neben sich am Tisch Platz nehmen und ihm dann ein Souper mit Champagner auftragen. Das Publikum und der arme Musikant verstanden kaum die Ironie dieser Handlungsweise. Der Zug charakterisiert aber den Schriftsteller und den Menschen Tolstoi.

Seine Eindrücke waren so stark, daß sie sich unwillkürlich anderen mitteilten. Sogar die Kinder interessierten sich lebhaft für das Abenteuer und baten, Leo möchte mit uns zusammen weiterreisen, was denn auch geschah. Die Kinder wissen noch jetzt, wie er sie auf dem Dampfer belustigte und welch unglaubliche Mengen Weintrauben er verzehren konnte.

Ich bewahre in der Erinnerung noch viele andere scherzhafte Züge Tolstois und will noch einen letzten Vorfall mitteilen, um dann zu ernsteren Dingen überzugehen.

Einst erschien Leo in Frankfurt am Main, als Prinz Alexander von Hessen und seine Gemahlin bei mir zu Gast waren. Ich schrie vor Schreck fast auf, als sich plötzlich die Tür öffnete und in mehr als zweifelhaftem Kostüm Leo vor mir stand. Weder vor- noch nachher habe ich Ähnliches gesehen. Er sah aus halb wie ein Strolch, halb wie ein heruntergekommener Spieler. Ärgerlich darüber, daß ich nicht allein war, machte er einfach kehrt und verschwand.

»Wer war denn diese eigentümliche Person?« fragten meine Gäste erstaunt.

»Das war Leo Tolstoi.«

»Aber warum haben Sie uns das nicht gesagt?! Wir kennen seine wunderbaren Erzählungen und hätten ihn selbst gar zu gern kennen gelernt.«

Beim nächsten Wiedersehen teilte ich Leo diese schmeichelhaften Äußerungen mit; er aber schien nur mit dem einen Gedanken beschäftigt, daß ich mich an jenem Tage seiner wahrscheinlich geschämt hätte.

»Das ist schon möglich,« gab ich offen zu. »Deine wüste Kleidung und dein gefährliches Aussehen mußten jeden abschrecken.«

»›Schornstein‹ bleibt eben ›Schornstein‹,« brummte er beleidigt.

So bekam ich wegen seines Streiches von allen Seiten Vorwürfe.

Nach unserer Rückkehr nach Rußland, wo wir bis 1859 ununterbrochen blieben, kam Leo häufig nach Petersburg und verbrachte dann seine meiste Zeit bei uns: bei meiner Mutter, meiner Schwester Elisabeth, oder bei mir, oben im Marienschloß. Abends versammelten wir uns gewöhnlich bei meiner Schwester, die ein Stockwerk tiefer wohnte. Leo verkehrte mit unseren Bekannten, verulkte sie nicht und hatte viele von ihnen sehr gern. Wenn wir dann allein waren, lieferte er uns eine oft erstaunlich genaue Charakteristik der Abwesenden, als wenn er schon lange mit ihnen zusammen gelebt hätte. Noch ein Zug darf nicht unerwähnt bleiben: Leo hatte schreckliche Angst vor jeder Unaufrichtigkeit, sowohl in Worten wie in Taten. Daraus entsprang nun freilich oft genau die entgegengesetzte Wirkung.

So war er z. B. einmal bei meiner Schwester zu einer Abendgesellschaft eingeladen, an der ziemlich viele Leute teilnahmen. Morgens schrieb Leo mir, er könne abends nicht kommen, da er soeben Nachricht vom Tode seines Bruders erhalten hätte. Seine Brüder hatte er schrecklich lieb. Natürlich schrieb ich ihm, ich verstände seine Handlungsweise durchaus und billigte sie vollkommen. Was geschah dann aber? Er kam abends, als wenn nicht das geringste vorgefallen wäre.

Ich war natürlich sehr erregt und fragte ihn leise, warum er nun doch erschienen wäre?

»Warum? Weil das, was ich dir heute morgen schrieb, nicht der Wahrheit entsprach. Du siehst, ich *bin* gekommen, also *konnte* ich kommen.«

Damit nicht genug, gestand er mir später, er sei noch ins Theater gegangen.

»Hast dich wahrscheinlich gut amüsiert?« fragte ich unzufrieden.

»Nein. Als ich nach Hause kam, trug ich eine wahre Hölle in mir. Wäre eine Pistole zur Hand gewesen, ich hätte mich sicher erschossen!«

»In deinem Bestreben, wahr zu sein, machst du die Wahrheit zum Zerrbilde,« sagte ich, und er gab mir sogar hierin recht, konnte sich aber der Experimente an sich nicht enthalten! »Ich will mich durch und durch kennen lernen,« sagte er in solchen Fällen.

In diesem Winter brachte er bisweilen etwas von seinen ungedruckten Sachen mit. So wurden z. B. »Familienglück« und »Drei Tode« zuerst bei uns gelesen. Tolstoi las schlecht, schüchtern und oft anstoßend, und hörte geduldig alle Bemerkungen über seine Arbeiten an. Ob er seine Eigenliebe bezwang oder überhaupt keine besaß – wer kann das sagen! Wahrscheinlich betrachtete er sich damals selbst noch als Dilettanten und wußte nicht, was aus ihm wurde. Wie hätte er sich sonst immer wieder von nebensächlichen Dingen ablenken lassen können.

Projekte wuchsen in seinem Kopf wie Pilze. Bei jedem Besuch brachte er einen neuen Arbeitsplan mit und war begeistert, endlich auf den richtigen Weg gelangt zu sein. Bald beschäftigte er sich mit Bienenzucht, bald mit der Entwaldung von ganz Rußland, oder etwas anderem. Am längsten fesselte ihn die Schule; aber auch sie verschwand spurlos, als er seinen wahren Beruf erkannt hatte.

Aus Leos Briefen kann man sehen, daß unsere persönlichen Beziehungen viele Jahre lang unverändert blieben. Bei jedem Wiedersehen studierten wir, das Bistouri in der Hand, aneinander herum; aber es geschah mit Liebe. Unser reines, einfaches Freundschaftsverhältnis widerlegte glänzend die weitverbreitete falsche Ansicht von der Unmöglichkeit einer Freundschaft zwischen Mann und Weib. Wir standen auf besonderem Boden, und ich kann ganz aufrichtig sagen, wir bekümmerten uns hauptsächlich um das, was das Leben verschönern konnte – natürlich jeder von seinem Standpunkt aus.

Leo machte mir bisweilen Vorwürfe, daß ich ihn in meine Herzensgeheimnisse nicht einweihte und ihm Persönliches nicht anvertraute. Das geschah aber von meiner Seite ohne jede Absicht und Überlegung. Seine Natur war so viel stärker und interessanter als die meinige, daß sich unwillkürlich die ganze Aufmerksamkeit auf ihn konzentrierte, während ich als Person zweiten Ranges nur so nebenbei agierte.

Wie schon gesagt, bildete die Religion den Hauptgegenstand unserer Unterhaltungen. Voll tiefer Liebe für meinen Freund wollte ich ihn mit fast krankhafter Ungeduld in vollem Glauben sehen, und sonderbar – wir kamen gerade zu der Zeit auseinander, als der Glaube in sein Herz einzog. Aber davon später.

Seit seiner Verheiratung, 1862, lebte er fast gänzlich auf dem Lande, und wir sahen uns weit seltener, obwohl keine Gelegenheit verpaßt wurde. Leo erwischte mich auf der Eisenbahn, als ich mit der Zarenfamilie in die Krim fuhr, und entschloß sich sogar eines Tages, zu mir nach Iljinskoie, der bei Moskau gelegenen Besitzung der Kaiserin, zu kommen. Das war 1866. Ich entsinne mich, unter anderem, wie dieser Besuch die kleinen Großfürsten erregte. Sie hatten schreckliches Verlangen, den berühmten Schriftsteller zu sehen, und verlegten sich auf alle möglichen Listen: guckten durchs Fenster und in die Tür – was Leo und mich höchlichst amüsierte.

Ich weiß noch, daß er mir damals von seinem Streit mit Turgenjew erzählte, der fast zum Duell führte. Die Einzelheiten dieses Streites sind aus meinem Gedächtnis entschwunden (die Ursache war ganz nichtig). Tolstois Worte aber habe ich nicht vergessen.

»Ich kann dir die Versicherung geben,« sagte er, bis zu den Ohren errötend, »daß meine Rolle in dieser dummen Geschichte keine schlechte war. Ich trug nicht die geringste Schuld und schrieb trotz meines reinen Gewissens Turgenjew einen durchaus freundschaftlichen versöhnlichen Brief; er aber antwortete daraufhin so grob, daß ich wohl oder übel jeden Verkehr mit ihm einstellen mußte.«

Später wurde alles beigelegt, und die beiden sahen sich auch wieder; richtige Freundschaft aber kam nicht mehr zustande – die beiden waren gar zu verschiedene Charaktere.

Ich will nicht annehmen, daß Turgenjew heimlichen Schriftstellerneid gegen Tolstoi hegte. Aber selbst wenn das der Fall war, hat er durch seinen Brief kurz vor dem Tode alles wieder gutgemacht. Man wird diese Zeilen nicht ohne tiefe Rührung lesen. Hier sind sie: Bougival 27. oder 28. Juni (der Brief ist mit Bleistift geschrieben).

»Lieber und teurer Leo Nikolajewitsch! Ich habe Ihnen lange nicht geschrieben, denn ich lag und liege, offen gesagt, auf dem Totenbett. Genesen kann ich nicht mehr, und daran denken hat keinen Zweck. Ich schreibe an Sie, um Ihnen zu sagen, wie sehr es mich gefreut hat, Ihr Zeitgenosse zu sein – und um Ihnen meine letzte aufrichtige Bitte auszudrücken. Mein Freund! Kehren Sie zur literarischen Tätigkeit zurück! Diese Gabe rührt von dem her, von welchem alles kommt. Ach wie würde ich glücklich sein bei dem Gedanken, meine Bitte könnte auf Sie einwirken. Ich bin mit meinem Leben fertig – die Ärzte wissen nicht einmal, wie sie meinen Zustand nennen sollen – *neuralgie stomacale goutteuse*. Kann weder gehen, noch essen, noch schlafen ... Aber wozu das wiederholen ...

Mein Freund! Großer Schriftsteller der russischen Lande! Befolgen Sie meine Bitte. Lassen Sie mich wissen, wann Sie dieses Schreiben erhalten, und seien Sie mit Ihrer Frau und all den Ihrigen noch einmal fest umarmt! – Ich bin müde; kann nicht mehr ...

Turgenjew.«

Ich weiß nicht, wie es anderen geht, aber für mich spricht aus jedem Wort dieses rührenden Briefes ein neuer und tröstlicher Seelenzustand Turgenjews.

Turgenjew war ein Jahr vor seinem Tode bei mir, verbrachte den ganzen Vormittag in meiner Gesellschaft, und dabei war u. a. auch von Tolstoi die Rede. Damals erschienen schon Tolstois sogenannte theologische Schriften. Turgenjew verhielt sich höchst ablehnend dagegen und konnte es nicht verwinden, daß Tolstoi die literarische Tätigkeit aufgegeben hatte, »*pour écrire de pareilles billevesées*« (um solchen Unsinn zu schreiben), wie er sich ausdrückte. »Und beachten Sie wohl,« fügte Turgenjew hinzu, »daß auch sein Stil jetzt einem unergründlichen Sumpfe gleicht.«

Dem konnte ich nicht beistimmen. Man muß hier einschalten, daß Turgenjew einfach nicht imstande war, Tolstoi überallhin zu folgen. Dieser konnte sich irren – gewiß. Doch suchte er stets die Wahrheit, litt und quälte sich ihretwegen, während Turgenjew auf seinem verneinenden Standpunkt beharrte und fast damit kokettierte. Im übrigen haftete ihm der faszinierende Reiz des Künstlers an; man konnte ihm lange zuhören; aber in seinen Worten wie Taten kam stets eine gewisse Oberflächlichkeit zum Ausdruck, und unsere letzte Begegnung hinterließ in mir ein trauriges Gefühl. Wir sprachen französisch. Hübsche Phrasen flossen wie Musik aus seinem Munde – schade, daß ich sie damals nicht aufschrieb. Ich weiß aber noch, daß ich ihn schließlich unterbrach:

»*C'est extraordinaire; voilà bien des années, que nous ne nous sommes vus* (früher hatten wir uns häufig gesehen) *et je vous retrouve au même point – avec ce fond de sable mouvant, qui m'a toujours frappé dans vos oeuvres, quelque charmantes qu'elles soient. J'espérais, que le temps vous aurait mis sur un terrain plus solide.*«(1)

Turgenjew lachte über meine Offenheit. »Dabei habe ich große Fortschritte gemacht,« erwiderte er. »Denken Sie sich, ich liebe jetzt sogar die Natur nur auf der Leinewand.«

Diese Bemerkung des Verfassers der »Aufzeichnungen eines Jägers«, in denen alles Liebe zur Natur atmet, brachte mich fast zur Empörung. »Glauben Sie sich damit ein Lob auszustellen?« fragte ich und fügte gleich hinzu: »Da wir gerade von besonderen Dingen reden – erklären Sie mir, warum in Ihren Erzählungen niemals Kinder vorkommen?«

Dieses Mal erschrak er.

»Ihre Bemerkung verblüfft mich um so mehr,« war die Antwort, »weil ich sie fast zum erstenmal höre. Sie ist aber richtig; ich liebe Kinder nicht.«

Darauf erwiderte ich mit Achselzucken.

Das Gespräch kam auf die Unsterblichkeit der Seele. Turgenjew erklärte kategorisch, er glaube nicht an diese Unsterblichkeit.

»Sie sagten vorhin, Sie hätten viele Freunde gehabt? Wie steht es mit denen, die nicht mehr sind?«

»Die leben in meiner Erinnerung fort, und das genügt mir,« war seine Antwort.

Wir sprachen über das Neue Testament. Turgenjew äußerte sich darüber, wie über ein wenig bekanntes Buch.

»Sie wollen doch nicht behaupten, daß Sie das Neue Testament nicht gelesen haben?« fragte ich.

»O nein. Gewiß habe ich es gelesen. Ich behaupte sogar, daß das Evangelium des Lukas und des Matthäus ziemlich interessant sind; was aber Johannes anlangt, so lohnt es sich nicht, von ihm zu reden.«

Darauf erwiderte ich bekümmert: »Sie werden stets der liebenswürdigste aller Heiden bleiben.« Damit trennten wir uns auf Nimmerwiedersehen.

Armer Turgenjew! Ich baue darauf, daß ihm während seines achtmonatigen Todeskampfes, unter schrecklichen Leiden, vieles von dem bis dahin Unzugänglichen klar wurde. Gott braucht keine Zeit, um die Seele des Menschen aufzuklären oder umzuwandeln. –

Aber kehren wir zu unserm Haupthelden zurück. Tolstoi kam 1876 nach Petersburg, um hier Material für die »Dekabristen« zu sammeln; er wollte einen Roman aus jener Epoche schreiben. »Ich will beweisen,« sagte er, »daß an der Dekabristenverschwörung niemand schuld war – weder die Verschwörer noch die Regierung.«

Zum Lokalstudium begab er sich in die Peter-Paulfestung. Der Kommandeur (ich weiß seinen Namen nicht mehr) empfing ihn sehr liebenswürdig, zeigte ihm, was zu zeigen war, konnte aber nicht dahinter kommen, was Tolstoi eigentlich wollte. Dieser erzählte uns später die Unterhaltung in sehr komischer Weise.

Bekanntlich schrieb Tolstoi nur einige Kapitel dieses Romans; auf meine Frage, weshalb er nicht fortführe, erwiderte er: »Weil ich gefunden habe, daß fast alle Dekabristen Franzosen waren.«

Wirklich lag die Erziehung der Kinder höherer Stände damals durchweg in westeuropäischen Händen; diese historische Tatsache aber, die man nicht umgehen kann, steht meiner Meinung nach dem Autor eines Romans aus einer so interessanten Epoche nicht im Wege. Ich war einfach untröstlich.

Tolstoi beabsichtigte ferner die Geschichte des Kaisers Paul zu schreiben, an dessen rätselhafter Persönlichkeit er besonderes Interesse nahm. Auch dieser Plan blieb unausgeführt. Noch bedauerlicher ist, daß Tolstoi die Absicht nicht verwirklichte, die ihm, seinen Briefen nach, noch mehr am Herzen lag. In dem ersten Brief, 1878, schrieb er mir hierüber: »Mir schwebt schon längst der Plan zu einem Werk vor, dessen Schauplatz die Orenburger Gegend und dessen Zeit die Perowskis sein soll. Ich habe aus Moskau einen ganzen Haufen Material mitgebracht. Alles, was Perowski betrifft, interessiert mich außerordentlich, und ich muß sagen, daß seine historische Persönlichkeit wie sein Charakter mir sehr sympathisch sind. Was würdet ihr und seine Verwandten sagen? Und überlaßt ihr mir Papiere und Briefe, wenn ich euch die Zusicherung gebe, daß niemand außer mir sie lesen wird, daß ich sie zurücksende, ohne eine Abschrift genommen zu haben, und daß ich nichts daraus abdrucke? Ich möchte ihm etwas tiefer in die Seele blicken.«

Über denselben Gegenstand schrieb Tolstoi meinem Bruder Ilja. Wir beide antworteten sofort und schickten das notwendige Material. Darauf schrieb er mir im nächsten Brief: »Perowskis Persönlichkeit hast du im großen und ganzen richtig beurteilt; ebenso stelle ich ihn mir vor. Solche Figur füllt allein ein ganzes Gemälde. Seine Biographie wäre allzu herb; mit anderen, ihm entgegengesetzten feineren Charakteren aber, wie zum Beispiel Shukowski, den du gut zu kennen scheinst, und besonders mit den Dekabristen – drückt diese Kolossalgestalt (eine Variante der noch größeren Figur Nikolaus' I.) jene Zeit vollständig aus. Ich bin jetzt ganz in die Lektüre der zwanziger Jahre vertieft und kann dir den Genuß nicht beschreiben, den ich empfinde, wenn ich mir jene Zeit ausmale.« –

Ende der fünfziger und Anfang der sechziger Jahre fand zwischen Leo und mir ein lebhafter Briefwechsel statt. Bei Beginn meiner Tätigkeit als Erzieherin der Großfürstin Maria Alexandrowna, 1864, wurde die Korrespondenz aus Zeitmangel meinerseits etwas weniger lebhaft, dauerte aber trotzdem noch lange fort.

Bei Erwähnung der verschiedenen Stimmungsphasen Tolstois habe ich eine Absonderlichkeit vergessen, die man jetzt kaum glauben wird: es gab eine Zeit – und sie dauerte ziemlich lange –, wo Tolstoi streng kirchengläubig war. Was ihn auf diesen Weg trieb, weiß ich nicht; es spielte sich weit von uns entfernt ab, und ich erfuhr erst viel später, daß Tolstoi mit einfachen Leuten zusammen wallfahrtete, Klöster besuchte, in der Oytiner Einöde weilte, wo er sich lange mit Klausnern und Eremiten unterhielt und dann vollkommen von der Heiligkeit und Wahrheit unserer Kirche überzeugt zurückkehrte. Wir ahnten nichts von alledem und hätten vielleicht nie etwas davon erfahren, wenn nicht folgender kleine Zwischenfall eingetreten wäre: Auf einer seiner Petersburger Reisen, 1877, erschien Tolstoi bei meiner Mutter, wo sich die ganze Familie versammelt hatte. Es war während der

Fastenzeit, die wir bis dahin streng innegehalten hatten. In diesem Jahr aber beschlossen wir unserer alten Mutter wegen, der der Arzt das Fasten streng verboten hatte, nicht zu fasten. Beim Mittagessen bemerkte ich, daß Tolstoi ein finsteres Gesicht machte und offenbar verstimmt war. Nach Tisch kam er sofort zu mir und fragte, warum wir nicht fasteten. Ich erklärte ihm den Grund und fragte: »Ist es dir vielleicht unangenehm?«

»Gewiß« – war seine Antwort – »wenn man schon einer Kirche angehört, ist das Geringste, was man tun kann, daß man ihre Gebote hält.«

Im nächsten Jahre, 1878, erschien er wieder unerwartet in Petersburg, wie ich glaube, nur in der Absicht, mir seine geistige Umwandlung mitzuteilen und zu erklären. Wir hatten uns lange nicht gesehen, aber ich ahnte nicht, daß etwas Ungewöhnliches mit ihm vorgegangen sei. In seinen Briefen hatte er nichts verraten; höchstens bisweilen undeutliche Anspielungen gemacht.

Kaum hatten wir uns begrüßt, als er auch schon ziemlich wirr und nebelhaft alles erklärte, was in seiner Seele vorgegangen war. Ich hörte ihn schweigend an. Hielt er mein Schweigen für Zustimmung, oder wünschte er begeisterte Sympathie – jedenfalls unterbrach er plötzlich seine Beichte und meinte: »Ich sehe, du hast dich mit meinen Gedanken schon ziemlich vertraut gemacht.«

Leider mußte ich ihn dieses Mal enttäuschen.

»Du irrst dich,« sagte ich. »Ich bin mit deinen Gedanken so wenig vertraut, daß ich sie gar nicht verstehe.«

Da sprang er wie gestochen auf: »Du verstehst sie nicht. Aber es ist doch alles so einfach und läßt sich in zwei Worten erklären: In meiner Seele hat sich ein Fenster aufgetan, durch das ich Gott sehe. Weiter habe ich *nichts*, rein *gar nichts* nötig« – er wiederholte das Wort nochmals.

»Was heißt nichts?« fragte ich verständnislos. »Natürlich ist die Hauptsache der Glaube an Gott. Bevor ich dir aber zustimme, muß ich wissen, *wie* du an Gott glaubst.«

Mein Herz schlug wie ein Hammer, als wenn es ahnte, was alsbald kommen würde. Als Leo mir dann aber nicht nur die Nutzlosigkeit, sondern sogar Schädlichkeit der Kirche auseinandersetzte und schließlich so weit ging, die Gottheit Christi und die Erlösung durch ihn zu verwerfen – war ich dicht vor Schluchzen und Tränen, beherrschte mich aber, um in dem Streit, den ich voraussah, keine Waffe zu verlieren. Wirklich entstand dann ein Disput, der den ganzen Morgen dauerte. Leo war schrecklich erregt über meinen Widerstand gegen das, was er für den Inbegriff aller Wahrheit hielt, und am nächsten Morgen erhielt ich von ihm folgendes Billett: »Sei mir nicht böse, daß ich ohne Abschied wegfahre; ich bin durch den gestrigen Disput allzusehr erregt ...«

Seine plötzliche Abreise bekümmerte mich sehr. In der voraufgegangenen schlaflosen Nacht hatte ich unwiderlegliche Argumente gefunden, die ihn, meiner Meinung nach, überzeugen mußten – und nun alles umsonst!

Lieber Leser! Freu dich über meine Naivität, aber freu dich auch über meine Hartnäckigkeit, mit der ich später die Polemik gegen Tolstoi in der festen Überzeugung fortsetzte, daß seine Ansichten sich ändern und er auf den Weg des Glaubens gelangen würde. Es kam mir damals vor, als hätte ich es mit einem Kranken zu tun, dem man gute Nahrung reichen müsse. In meiner Verblendung hielt ich mich wahrscheinlich für einen unterrichteten Arzt. Jedenfalls erregten meine Briefe ihn nur noch mehr. Ich begreife nicht, wie ich nicht sehen konnte, daß er sich hinter jedem seiner Gedanken verschanzte, wie hinter einer Festung. Es war das eine mir ganz unverständliche, selbstgefällige Verblendung. Ich darf aber wohl sagen, daß all meine Fehler aus zu großem Eifer entsprangen. Wißt ihr, was es heißt, eine nahverwandte Seele lieben? Nicht den Menschen, sondern seine Seele? Diese Liebe ist unvergleichlich stärker als jede andere. Leo Tolstois Seele war mir unbeschreiblich teuer. Sie ist es auch jetzt noch; aber die Jahre und Enttäuschungen haben das ihrige getan: jene Glut und die Qualen, die meine damaligen Bemühungen um ihn begleiteten, sind vorüber. Nebenbei will ich erwähnen, daß von unserem Briefwechsel aus jener Zeit wenig übriggeblieben ist; einige Briefe habe ich vernichtet – sie regten mich zu sehr auf; andre gab ich Dostojewski. Und das kam so:

Ich wünschte längst, mit ihm bekannt zu werden; endlich geschah es, aber leider zu spät.

Es war zwei oder drei Wochen vor seinem Tode, da wurde ich mit Dostojewski bekannt. Seitdem ich sein Werk »Schuld und Sühne« gelesen (kein Roman hat ähnlich auf mich gewirkt), stand der Autor als Moralist für mich in unerreichbarer Höhe, unvergleichlich höher als andere Schriftsteller, Tolstoi nicht ausgenommen, natürlich nicht in stilistischer und künstlerischer Hinsicht.

Ich traf Dostojewski zum erstenmal auf einem Abend beim Grafen Komarowski, Tolstoi hatte er niemals gesehen, obgleich dieser, als Schriftsteller wie als Mensch, ihn schrecklich interessierte. Seine erste Frage betraf Tolstoi:

»Können Sie mir seine neue Richtung erklären? Ich erblicke darin etwas Besonderes und mir einstweilen Unverständliches ...«

Ich gestand Dostojewski, daß auch mir diese neue Richtung Tolstois rätselhaft sei, und versprach ihm die letzten Briefe Tolstois, in der Meinung, er würde sie holen. Er bestimmte noch den Tag, und bis dahin schrieb ich die Briefe ab, um ihm das Lesen der schwer zu entziffernden Handschrift Tolstois zu erleichtern. Dostojewski erschien; zunächst entschuldigte ich mich, daß weiter niemand eingeladen sei – aus Egoismus; ich wollte den Abend Auge in Auge mit ihm verbringen. Dieser Abend prägte sich meinem Gedächtnis für immer ein. Ich hörte ihn mit Andacht: er sprach, wie ein echter Christ, über das Schicksal Rußlands und der ganzen Welt. Seine Augen brannten, und ich spürte den Propheten in ihm. Als die Rede auf Tolstoi kam, bat er mich, ihm die versprochenen Briefe vorzulesen. Es klingt sonderbar, aber ich schämte mich fast, dem großen Denker die oft wirren Gedanken mitzuteilen.

Ich sehe Dostojewski noch jetzt vor mir, wie er sich an den Kopf griff und verzweifelt rief: »Nicht das! Nur nicht das!« Er sympathisierte mit keinem der Tolstoischen Gedanken, raffte aber trotzdem alles, was auf dem Tisch lag, Originale und Kopien der Briefe, zusammen und nahm sie mit. Aus einigen seiner Bemerkungen schloß ich, daß er Tolstois Ausführungen bekämpfen wollte.

Ich bedauerte nicht so sehr den Verlust der Briefe, aber ich bin untröstlich, daß Dostojewskis Absicht unausgeführt blieb; fünf Tage nach dieser Unterhaltung war er nicht mehr.

Leo Tolstoi hatte in einer Zeitschrift veröffentlicht, daß er Dostojewski zwar nicht gekannt hätte, daß ihm bei der Nachricht seines Todes aber gewesen wäre, als ob er das Teuerste auf der Welt verloren hätte. Das plötzliche Ende D.s warf auch mich nieder. Ich begab mich in seine Wohnung, um an den sterblichen Überresten meine Andacht zu verrichten. Er lag in einem winzigen Kämmerchen. Sein kleiner Sohn und die Tochter standen am Sarge. Die ganze Einrichtung war sehr ärmlich; Besucher aber waren eine Menge da, und alle schienen von Kummer niedergedrückt. Besonders zahlreich war die Jugend vertreten. Ich schickte mich schon an, zu gehen, als eine sehr bescheiden gekleidete Dame auf mich zutrat und mich fragte, ob ich die Gräfin Tolstoi wäre? Auf meine Bejahung sagte sie: »Ich hatte die Absicht, zu Ihnen zu kommen, da ich glaubte, daß es Ihnen angenehm sein würde, zu hören, welch guten Eindruck Fedor Michailowitsch von dem bei Ihnen verbrachten Abend mitgenommen hat; es war seine letzte Freude.«

Diese Dame war Dostojewskis Gattin.

Ich habe mich später oft gefragt, ob es Dostojewski gelungen wäre, Tolstoi zu beeinflussen. Ich glaube kaum. Einer meiner Bekannten, Dimitrijew, ein sehr kluger, leicht ausfallender Herr, sagte eines Tages, als die

Rede auf Tolstoi kam: »Tolstois Unglück ist, daß er nur seine eigenen Gedanken hört und schätzt; Sie werden sehen, daß er stets auf falschem Wege bleibt.«

Das war bis zu einem gewissen Grade richtig. Andererseits ließ Tolstoi sich oft durch Leute beeinflussen, die moralisch unendlich weit unter ihm standen, sich aber so oder so in seinem Geleise bewegten. Von vielen Beispielen nenne ich nur eins: 1885 erschien in Moskau ein gewisser Sjutajew, ein grober Kleinbürger, der aus der russischen Kirche ausgetreten war und eine Lehre verkündete, nach der er sich für einen Propheten hielt. Ich weiß nicht, wie er an Tolstoi herankam; dieser entdeckte in Sjutajew eine gewisse Ähnlichkeit mit seinen eigenen Ansichten und geriet über ihn in Entzücken; er schleppte ihn durch die Salons der vornehmen Welt und hob ihn, als Beispiel wahrer Frömmigkeit, bis in den Himmel. Tolstois Gattin mit ihrem gesunden Verstande erkannte sehr bald diesen Begeisterungsrausch und ertrug nur mit Überwindung die Gesellschaft Sjutajews und seiner Genossen, die immer häufiger im Hause erschienen. Man brauchte nur zerlumpt oder Dissident zu sein, um Tolstois Interesse zu erregen, während Epaulette, Achselschnüre, Generalsrang und überhaupt jeder hohe Posten ihm Abscheu einflößten. Diese plötzliche Vorliebe für ungebildete beschränkte Leute dauerte nicht lange, und die ganze Gesellschaft war nur eine vorübergehende Erscheinung. Zur Zeit ihrer Macht aber beherrschte sie Tolstoi vollständig. Ungefähr zur selben Zeit erschien in einer Moskauer Zeitung Tolstois Artikel über die Volkszählung mit dem Aufruf an die Jugend, der fast ohne Ausnahme Begeisterung erregte. Überhaupt stieg Tolstois Ruhm höher und höher; überall redete man von ihm und Sjutajew. Manche Gerüchte drangen auch zu mir, so daß ich mich endlich entschloß, zu sehen, was in Tolstois Hause in Moskau vor sich ging.

Trotz der Freude über das Wiedersehen war Tolstoi augenscheinlich nicht bei Stimmung; erriet er, daß der Zweck meiner Reise kein anderer war, als mich von seinem Seelenzustande zu überzeugen? Jedenfalls bemerkte ich von Anfang an eine gewisse Erregung an ihm.

Er selbst brachte die Rede auf die »Volkszählung« und sagte: »Weißt du, daß nach dem Erscheinen meines Artikels ein wahrer Sturm von Dankadressen und Briefen, sogar von Schülern, an mich gelangt ist?« (Später gestand er mir, beim Schreiben des Artikels gedacht zu haben, ihm würde von allen Seiten Geld für die Armen zugehen, daß aber gerade das nicht geschehen wäre, sondern im Gegenteil viele ihn um Geld gebeten hätten.)

»Ich weiß,« antwortete ich ziemlich kalt.

»Und von dir nicht eine Zeile. Warum das?«

»Aus einem sehr einfachen Grunde. Ich muß gestehen, daß deine ›Volkszählung‹ mir nicht besonders gefällt. Ich fürchte, deine Worte an die Jugend rufen ein Strohfeuer hervor, das schnell verpufft. Du sagst: ›Gebt kein Geld; gebt euch selbst, völlig.‹ Ist das nicht zu viel verlangt? Es ist das Äußerste, was die Liebe geben kann, und die erwirbt man nicht im Handumdrehen. Sodann gefällt mir deine Verdrehung des Evangeliums nicht; Zachäus hast du überhaupt nicht verstanden. Er überwand alle Hindernisse, um Christus zu sehen, und als er ihn gesehen hatte, wurde sein Herz von höchster Gnade erfüllt; er war zu jedem Opfer bereit, um die Vergangenheit zu büßen. Du aber hast fast einen Wucherer aus ihm gemacht.«

Wenn meine Bemerkungen ihm unangenehm waren, so vergalt er mir das an diesem Morgen reichlich. Ohne jede Veranlassung überschüttete er mich mit einem Hagel seiner unmöglichen Ansichten von Religion und Kirche und machte sich über alles lustig, was mir lieb und teuer war. Mir kam es vor, als hörte ich Fieberphantasien. Ich kann und will nicht alles wiedergeben, was er damals sagte. Meine Wangen brannten; ich hielt es aber nicht für nötig, ihm etwas zu erwidern. Wahrscheinlich erregte mein Schweigen ihn noch mehr. Als er endlich müde war und mich fragend ansah, als erwartete er meine Antwort, sagte ich ihm:

»Ich habe dir nichts zu erwidern; ich will dir nur sagen, daß ich dich, während du sprachst, in der Macht eines sah, der noch jetzt hinter deinem Stuhle steht.«

Er wandte sich schnell um. »Wessen?«

»Luzifers in eigener Person,« erwiderte ich. »Der personifizierte Hochmut spricht aus dir.«

Er sprang auf. Das Wort hatte gewirkt. Aber er suchte sich zu bezwingen und fügte alsbald hinzu: »Gewiß bin ich stolz als Einziger, der endlich die Hand an die Wahrheit gelegt hat.«

Das nannte er Wahrheit!

Abends begab ich mich zu ihm und fand den kürzlich noch rasenden Leo als sanftes Lamm. Außer der zahlreichen Familie waren noch Fremde zugegen, und die Unterhaltung war allgemein. Leo lenkte sie aber so, daß mich nichts irgendwie verletzen konnte, und er sorgte den ganzen Abend für mich mit der rührenden Güte, die einen hervorstechenden Zug seines Charakters bildet. Unter anderem bat er seine Frau, mir den Traum zu erzählen, den sie kurz vor seiner geistigen Umwandlung gehabt. Dieser Traum war folgender:

Tolstois Gattin stand vor einer Erlöserkirche, deren Bau noch nicht vollendet war. Vor der Tür erhob sich ein riesiges Kreuz, an ihm hing der lebendige Christus. Plötzlich begann dieses Kreuz sich zu bewegen, wanderte dreimal um die Kirche und blieb vor ihr, der Frau, stehen. Der Heiland sah sie an, reckte die Hand nach oben und deutete auf das goldene Kreuz, das hoch oben auf der Kirchenkuppel glänzte.

Dieser Traum fiel wie ein Hoffnungsstrahl in meine Seele; »wenn Tolstoi wirklich einst die Wahrheit erkennt,« dachte ich, »wird er mit derselben Aufrichtigkeit seinen Irrtum eingestehen.«

Am nächsten Tage traf ich ihn vor dem Hause unseres gemeinsamen Verwandten. Bis ich gemeldet wurde, entspann sich zwischen uns wieder eine Unterhaltung. Ich saß im Wagen, er stand in ganz unmöglicher, halb bäurischer, halb städtischer Kleidung am Schlage.

»Du bist mir doch nicht böse, daß ich gestern alle meine Kugeln auf dich abgefeuert habe?« fragte er.

»Das waren schon keine Kugeln mehr, sondern Bomben,« erwiderte ich halb im Scherz. »Dafür hast du mich gestern abend gerührt, als du wie mit Pinsel und Salbentopf um mich herum warst, um alle kranken Stellen zu heilen.«

»Deswegen bist du auch mein liebes Mütterchen, weil du alles richtig verstehst. Nur müssen wir uns noch darüber klar werden, ob du die Christin bist oder ich.«

»Ich gebe mich nicht für eine gute Christin aus,« sagte ich. »Wohl aber habe ich meine christlichen Überzeugungen. Die Ordnung der Dinge, wie sie einmal sind, ist nicht von mir geschaffen, ich glaube aber, daß in deinem System nichts Ähnliches zu finden ist.«

In diesem Augenblick wurden wir nach oben gebeten.

Einige Tage später traf ich Tolstois Gattin, die mit ihrer achtzehnjährigen Tochter zu einer Abendgesellschaft fuhr. Beide waren sehr einfach gekleidet, trugen hohe Hüte und begaben sich zu Verwandten. Ich glaube, es lag kein Grund vor, sich darüber aufzuregen; Tolstoi aber bezwang sich kaum in meiner Anwesenheit. Als die beiden fort waren, fragte ich ihn:

»Was hast du denn dagegen einzuwenden, daß deine Tochter ein wenig in die Welt kommt? Hast du vergessen, daß wir beide diese Welt sehr gern gehabt und uns weidlich in ihr amüsiert haben?«

»Durchaus nicht; aber du siehst, daß ich damit aufgehört habe. Ich möchte meine Tochter gern vor dem Garstigen und Schädlichen bewahren, das das Leben in der großen Welt mit sich bringt.«

Tolstoi mischte sich mit seinen extremen Ansichten in alle Einzelheiten des Familienlebens ein und richtete oft viele Verwirrung, auch Ärger und Streit an. Ich glaube, die arme Sophie wird noch oft an ihren Traum und das große Kreuz denken, das ihr so viele Träume in Aussicht stellte.

Abends saßen wir im Wohnzimmer; außer uns beiden waren der sechzehnjährige Sohn Elias und der Schwager der Gräfin, Islawin, zugegen, der in Tolstoi drang, etwas aus seinen ungedruckten Werken vorzulesen. Tolstoi weigerte sich lange, holte aber endlich ein Heft und las aus einem seiner philosophischen Werke vor, und zwar mit augenscheinlicher Verlegenheit; er wurde bald rot, bald blaß, stockte häufig und hörte bald auf, da er merkte, wie die Lektüre auf mich wirkte.

»Du siehst, daß ich in deiner Gegenwart nicht vorlesen kann,« sagte er am nächsten Tage. »Alles das ist nichts für dich; du mußt schreckliche Eindrücke davon haben!«

»Was mich am meisten erregt, ist, daß du deinen Sohn so vergiften kannst,« erwiderte ich.

»Um Gottes willen, nein! Ich versichere dich, daß meine Kinder nicht im geringsten auf das achten, was ich schreibe.«

Bald nach meiner Abreise aus Moskau wandte ich mich um einen Rat an den französischen Schriftsteller Vogué. Dieses Mitglied der Akademie hat eine Russin geheiratet und kennt unsere Literatur besser als viele Russen. Noch unter dem Eindruck des jüngst in Moskau Gesehenen und Gehörten und in Erinnerung an Vogués Anhänglichkeit an Tolstoi machte ich ihm einige Mitteilungen über Leo und den Sektierer Sjutajew. Vogué antwortete mir: »Ich danke Ihnen für die Mitteilungen. Ich wußte es und bin heftig darüber erschrocken, daß der große, unvergleichliche Tolstoi jetzt durch eine Art mystischen Wahns wie gelähmt ist. Mir bleibt der zweifelhafte Trost, das längst vorausgesehen zu haben; seine ganze Gedankenentwicklung lag als Keim bereits in dem Werk ›Kindheit und Knabenalter‹, und die Psychologie Lewins in ›Anna Karenina‹ gibt seiner weiteren Entwicklung klar die Richtung an.« –

Trotz der von nun ab herrschenden Meinungsverschiedenheit setzten Leo und ich die Korrespondenz fort, wenn das auch ziemlich selten geschah.

Im Frühjahr 1887 erkrankte er heftig am Bein, das er, glaube ich, am Pflug verletzt hatte. Im Glauben, er würde sterben, schrieb er mir einen lieben Brief, von dem viele eine Abschrift nahmen und der mich tief rührte, besonders da sein Leben damals wirklich in Gefahr war. Der Brief lautete:

»Es war gut und schön von dir, mir zu schreiben, liebe Freundin.

Du fragst, wie es mir geht? So sonderbar es auch klingen mag – es geht mir sehr gut. Was das Bein anlangt, so wird da allerhand geredet von Knochenfraß, Knochenhautentzündung usw. Die Hauptsache aber ist, ich weiß sehr gut, daß ich an dem Bein ›eingehe‹, wie die Bauern sagen, das heißt dem Tode etwas näher bin als gewöhnlich.

Und dieser Zustand, in dem man sich, wie du so schön sagst: in Gottes Hand befindet, ist sehr gut; ich möchte stets in ihm leben und ihn jetzt nicht verlassen.

Tatsächlich sind schwere, langdauernde körperliche Leiden und dann der leibliche Tod eine so notwendige Lebensbedingung, daß jemand, der die Kindheit hinter sich hat, sie keine Minute vergessen sollte, besonders da der Gedanke daran, die beständige Erwartung, das Leben nicht vergiftet, sondern ihm Festigkeit und Klarheit verleiht.

Wenn ich mein Leben als mein Eigentum betrachte, mit dem ich machen kann, was ich will, bringt mich keine List und Schlauheit dahin, angesichts des Todes ruhig zu leben. Nur dann kann man dem leiblichen Tode vollkommen gleichmütig ins Auge sehen, wenn das Leben uns als die Verpflichtung erscheint, den Willen des Vaters zu erfüllen. Dann besteht das Lebensinteresse nicht darin, ob ich gut oder schlecht bin, sondern ob ich das, was mir aufgetragen ist, gut ausführe. Das kann ich bis zum letzten Atemzuge und kann auch bis zum letzten Atemzuge ruhig und fröhlich sein. Ich will nicht sagen, daß ich so bin, ich möchte es aber sein und wünsche dir dasselbe. Hoffentlich hast du gegen meine Ausdrucksweise nichts einzuwenden. Damit du nicht glaubst, daß ich unter ›Erfüllung des Willens‹ etwas Besonderes verstehe, will ich dir sagen, daß der Wille des Vaters der eine allbekannte ist, Liebe zu allen Menschen und Einheit mit allen, von den nächsten bis zu den entferntesten.

Nicht wahr, damit bist du einverstanden? Ich danke dir von ganzem Herzen für deine guten Wünsche.« – –

Gott sei Dank ging die Gefahr vorüber, und im Sommer desselben Jahres begab ich mich auf dringende Bitten Leos und seiner Frau mit Kusminskis(2) nach Jaßnaja Poljana und brachte dort vierzehn Tage zu.

Zu meiner Begrüßung war die ganze Familie versammelt, mit Ausnahme des Hausherrn, der von der Feldarbeit noch nicht heimgekehrt war. Endlich erschien er in weißer sehr sauberer Leinenbluse, mit einem Riemen um den Leib, und langem, halb grauem Bart. Wir umarmten uns freundschaftlich, und mich überraschte die ganz besondere Milde in seinen Augen.

Während meines ganzen Aufenthaltes in Jaßnaja Poljana blieb er so milde, obgleich wir natürlich eifrig disputierten. Gleich am ersten Abend erklärte ich ihm im Scherz folgendes:

»Weißt du, lieber Freund, es ist angebracht, daß wir im voraus die beiderseitigen Rechte in der Unterhaltung abgrenzen. Du bist ein berühmter Schriftsteller, der seine Gedanken nicht nur aussprechen, sondern auch drucken lassen kann: ich dagegen bin eine gewöhnliche Sterbliche und möchte in eurem Hause frei alles aussprechen.«

»Gewiß hast du ein Recht darauf,« war seine Antwort; »ich liebe es, wenn jemand seine eigenen Überzeugungen hat.«

Das Haus in Jaßnaja Poljana, das durchaus nicht elegant und nicht einmal komfortabel ist, gefiel mir sehr; vielleicht weil in allen Ecken liebe Leute hausten. Man hatte mir prophezeit, ich würde in Jaßnaja große Unordnung finden. Das war nicht der Fall: im Gegenteil, alles ging sauber und ordentlich zu; nur wurde die Zeit zum Tee und Mittagessen nicht pedantisch innegehalten. Alle standen ziemlich spät auf; und ich, die Stadt- und Hofdame, war allein um acht Uhr auf den Beinen. Ich konnte spazieren gehen, lesen, meine Briefe schreiben und mit meinem Patenkinde Sascha spielen, bevor meine Wirtsleute sich erhoben. Sie erschienen nicht vor elf Uhr, und wir tranken zu dreien im kleinen Wohnzimmer Kaffee. Im Eckzimmer war der Teetisch für die Jugend seit sieben Uhr gedeckt; sie standen aber fast alle ebenso spät auf wie die Eltern und erschienen einer nach dem andern.

Ich liebte diese Morgenstunden sehr. Leo war, durch den Schlaf gestärkt, in ausgezeichneter Stimmung. Wir unterhielten uns vollkommen ruhig; er las mir oft seine Lieblingsverse von Tjutschew und einige von Chomjakow vor, die er besonders schätzte, und wenn in einem Gedicht der Name Christus vorkam, zitterte seine Stimme, und seine Augen glänzten feucht. Diese Erinnerung tröstet mich noch heute; er liebte, ohne es selbst einzugestehen, den Erlöser auf das tiefste und fühlte in ihm natürlich mehr als den gewöhnlichen Menschen; der Widerspruch zwischen seinen Worten und seinen Gefühlen ist schwer zu verstehen. Wenn Leo dann zur Arbeit in sein Zimmer ging, überließ er mir alle Zeitschriften, Bücher und Briefe, die tags zuvor angelangt waren. Man kann sich nicht vorstellen, welche Haufen die Post jeden Tag brachte – nicht nur aus Rußland, sondern aus allen Ländern Europas und sogar aus Amerika – und alles duftete nach Weihrauch.

»Welch schreckliche Nahrung für deinen Stolz, lieber Freund,« sagte ich; »ich fürchte, daß du eines Tages wie Nebukadnezar wirst!«

»Warum soll ich stolz werden?« antwortete er. »Wenn ich in die große Welt gehe« (so nannte er die Bauernhütten), »existiert mein Ruhm für diese Leute nicht. Also existiert er überhaupt nicht.«

Von allen Seiten wurde Tolstoi mit den verschiedenartigsten Bitten bestürmt: die einen baten um Geld, andere um Rat oder um seine Mitarbeit an einer Zeitschrift; noch andere um unsinnige Dinge, über die er gutmütig lachte. Dabei überraschte mich oft sein unkritisches Verhalten. Man brauchte nur seine Lieblingsnote anzuschlagen, so geriet er in Entzücken. Ich veranlaßte ihn oft, genau durchzulesen, was er so sehr lobte, und er gab dann lächelnd zu, daß es Unsinn sei. In anderen Fällen freilich blieb er hartnäckig.

Dostojewski hat, lange bevor die Rückkehr zur Einfachheit und zur Natur Mode wurde, sie in seinem »Tagebuch eines Schriftstellers« gegeißelt und gesagt, man müsse die russischen Bauern sehr schlecht kennen, um zu glauben, daß sie auf solche Maskeraden hereinfielen; dazu hätten sie zu viel Grütze im Kopf.

Ein Brief W. H. Tschertkows,(3) den Tolstoi mir gab, erregte starke Unzufriedenheit in mir. Dieser Brief begann: »Heute morgen setzte ich einem Bauern auseinander, daß die ersten Worte des Evangeliums Johannis keinen Sinn hätten ...« Mir genügte das schon. Nachmittags erfuhr ich dann noch, daß derselbe Tschertkow aus einer Gedichtsammlung einige Verse Chomjakows gestrichen, in denen von der Erlösung die Rede war, »Tschertkow liebt die Erlösung nicht,« sagte man mir.

Das war mir denn doch zu viel! Wie eine Rakete fuhr ich auf, die Stimme versagte mir, und ich zitterte am ganzen Leibe. »Ah,« rief ich endlich in bitterster Ironie; »Tschertkow liebt die Erlösung nicht!« (Hierbei fiel mir sein Brief ein.) »Er findet auch, daß die ersten Worte Johannis keinen Sinn haben. Das rührt daher, daß es hier bei ihm fehlt.« (Ich deutete auf die Stirn.) »Aber ihr andern, die ihr Christi Lehre verkündet, was ist denn mit euch? Meiner Meinung nach seid ihr schlimmer als alle Sektierer, weil die an die Erlösung glauben, die die Hoffnung aller Christen bildet!«

Ich war so erregt, daß ich mich vergaß und wahrscheinlich zu viel sprach. Alles schwieg. Endlich meinte Tolstoi sehr ruhig: »Du wirst doch begreifen, daß, wenn Gott auch allmächtig ist, es doch für ihn unmöglich bleibt, etwas zu sagen, was keinen Sinn hat. Die Worte Johannis haben aber tatsächlich keinen Sinn.«(4)

Natürlich konnte mich diese Erwiderung nicht beruhigen, und es dauerte lange, bis meine Erregung sich ein wenig legte.

Nach Tolstois Morgenabgang blieb ich gewöhnlich mit Sofja Andrejewna, seiner Frau, allein, die mir mit angeborener Offenheit viel Interessantes aus ihrem vergangenen und gegenwärtigen Leben erzählte. Die ersten Jahre nach Tolstois geistigem Umschwung waren schrecklich, und es war die ganze Energie der Gräfin nötig, um alle exzentrischen Schritte Tolstois zu ertragen. Zum Glück überwand ihre gegenseitige Liebe alles, und man kam wieder ins richtige Geleise, wenngleich der frühere Bund in manchen Stücken gestört war.

Während meines Aufenthaltes in Jaßnaja Poljana litt Tolstoi sehr an Gallensteinanfällen, die zwei Tage dauerten und auf die große Schwäche folgte. Er tat mir sehr leid; ich hatte aber den Vorteil, daß er nicht zur Feldarbeit ging. Zu meiner Freude sah ich keine seiner sonderbaren Beschäftigungen, wie Schustern, Ofensetzen usw., die mir als Spiel erschienen. Wiederhergestellt, war er sehr fröhlich, scherzte, setzte sich ans Klavier und sogar an den Kartentisch, wenn gerade eine Partie beisammen war; er spielte sehr schlecht Karten, aber mit großem Eifer.

Besuch war um diese Zeit wenig da, weder Verwandte, noch Fremde. Es kamen nämlich auch gänzlich Unbekannte mit ihren Anliegen. Die Tür stand jedermann offen; Arme, Bauern und Bettler kamen direkt unter das Fenster seines Arbeitszimmers. Vom Balkon aus sah ich oft, wie er mit ihnen sprach und ihnen Almosen gab. Trotzdem Tolstoi es für unmoralisch hielt, den Leuten mit Geld zu helfen, wurde im Hause nicht wenig gegeben, außer dem kleinen Gelde und Groschen, die für solche Fälle auf Tolstois Fenster lagen.

Alle Tolstoischen Kinder hingen an ihren Eltern, besonders am Vater; sie teilten aber seine Ansichten durchaus nicht. Sie wollten noch leben, während man ihnen beständig Entsagung predigte. Hätte Tolstoi nicht zum Teil auf seine Absichten verzichtet, so wäre Jaßnaja Poljana längst verkauft, die Werke umsonst dem Publikum überlassen und die ganze zahlreiche Familie – es waren fünfzehn Kinder, von denen acht am Leben blieben – wäre zum Vagabundenleben und zur einfachen Tagelöhnerarbeit verurteilt.

In den ersten Jahren seines Familienlebens sorgte Tolstoi sehr für die Bildung der Kinder: mit seiner neuen Richtung aber hörte das auf.

»Geh auf die Straße: feg Schnee; heiz den Ofen« usw., hörten die Kinder täglich von ihm. Zum Glück ließ die praktische und vernünftige Mutter aus den unmöglichen Erziehungsplänen Tolstois nichts werden, und alle Kinder waren von Pädagogen verschiedener Länder umgeben.

Aus all diesen Dingen aber entsprang ein Moment der Unbeständigkeit und Unsicherheit; niemand wußte, worauf er fußen, was er glauben oder nicht glauben sollte. Der Eckstein schwankte. Ich vertraue, daß mit der Zeit Gottes Hand auch das noch zum Guten lenken wird, weil alle Kinder gut und offen veranlagt sind.

Ich sagte, glaube ich, schon, daß Tolstois Gattin trotz ihrer häuslichen Sorgen unermüdlich das abschrieb, was ihr Mann zum Druck vorbereitete. Seiner Änderungen und Verbesserungen war kein Ende. Da ich ganz frei war, bot ich eines Tages meine Dienste zum Abschreiben an; aber Sophie lehnte mit der Versicherung ab, ich würde das Gekritzel ihres Mannes nicht entziffern können. Einige Tage später bat Leo, der eine eilige Arbeit nach

Moskau zu schicken hatte, mich und andere, ihm dabei zu helfen. Wir wurden paarweise an einzelne Tische gesetzt – jede Dame mit einem Herrn. Solcher Paare waren sechs. Tolstoi diktierte, und wir schrieben. Plötzlich kamen solch schwerfällige Phrasen, daß ich unwillkürlich an den »unergründlichen Sumpf« dachte, von dem Turgenjew gesprochen. Ich konnte mich nicht entschließen, das Diktierte in dieser Form dem Druck zu übergeben. Als Tolstoi, der von einem Tisch zum andern ging, wieder zu uns kam, sagte ich:

»Weißt du, daß ich soeben zur großen Unzufriedenheit deines Schwagers deine Prosa verbessert habe?«

»Daran hast du gut getan. Es kommt mir nur auf den Gedanken an; auf den Stil lege ich nicht das geringste Gewicht,« war Tolstois Antwort.

Am nächsten Tage erbot er sich, etwas aus dem von uns abgeschriebenen Werk vorzulesen. Es war eine philosophische Arbeit unter dem Titel »Das Leben«. Da er sich an mich wandte, erwiderte ich: »Ich werde mich sehr freuen, eine Probe deiner Weisheit zu hören, werde aber kaum etwas begreifen, da die Philosophie mir so fremd ist wie Sanskrit.«

»Wenn du es nicht begreifst, ist das natürlich nicht deine, sondern meine Schuld; ich hoffe aber, das wird nicht der Fall sein,« erwiderte Leo.

Um sieben Uhr versammelten wir uns alle um ihn; er war besonders heiter und liebenswürdig. Die Lektüre dauerte etwa zwei Stunden. Ich begriff weit mehr, als ich erwartet hatte. Es kamen schöne Stellen vor, aber mein Herz zitterte und brannte nicht. Ich kam mir vor bald wie in einem anatomischen Museum, bald wie auf den halbdunklen Wegen eines Labyrinths, in dem ich mich verirrte. Natürlich vertraute ich niemandem diese Gedanken an, und wenn man bei irgendeiner Frage verweilte, geschah das nur, um anderen Hörern Gelegenheit zur Aussprache zu geben. Ich bemerkte wohl, daß die übrigen viele Erwiderungen auf der Zunge hatten; man wagte aber nicht, den Lehrer zu unterbrechen. Übrigens war Tolstoi sehr loyal gegen andere Ansichten, und der Abend endete schön.

Bald darauf kam der Tag meiner Abreise. Tolstois geleiteten mich mit derselben Liebe, wie sie mich empfangen hatten.

Nach Hause zurückgekehrt, machte ich mich mit den neuen Werken Tolstois bekannt, die, von der Zensur nicht zugelassen, im Manuskript von Hand zu Hand gingen. Ich will keine Kritik an diesen Arbeiten üben; in vielen fanden sich prächtige Stellen; aber im allgemeinen wirkten sie, besonders sein »Evangelium«, drückend auf mich. Die entschiedene Ablehnung und die willkürlichen Entstellungen der Heiligen Schrift erregten unbeschreibliche

Unzufriedenheit in mir. Es kam vor, daß ich die Lektüre unterbrach und die Hefte auf den Boden warf – mir war, als strotzten sie von Blasphemien ...

Indessen verging die Zeit, und Leo wurde immer populärer. Jetzt unterlag schon nicht nur Rußland und Europa seinem Einfluß, sondern auch Amerika. Überall wurde begeistert über ihn geschrieben und gesprochen. Proteste wurden eigentlich nur von seinen Landsleuten und besonders von Geistlichen laut; es war aber bei uns üblich, sie einfach zu ignorieren. Wie durften diese kleinen einfältigen Köpfe wagen, sich mit dem genialen Leo Tolstoi zu messen!.. Gewiß waren unter den kritischen Artikeln sehr schwache, sogar beschimpfende; andere aber drückten wirksam ihr gekränktes religiöses Gefühl aus, und es kam vor, daß nicht nur Geistliche, sondern auch gebildete Laien sich entschieden vor Tolstois Theorien verwahrten. Ich muß sagen, daß der Erfolg der Opponenten Tolstois schwach war und daß die Menge noch mehr der schädlichen Quelle zustrebte. Ich habe oft über dieses psychologische Rätsel nachgedacht: liegt in dem Leugnen anerkannter Wahrheiten wirklich solch lockende Macht? Ist nicht vielmehr der eigentliche Lenker alles dessen der Vater jeder Lüge?

Einer meiner besten Freunde, Georg Wlastow, dessen Meinung ich außerordentlich schätze, billigte meine Niedergeschlagenheit wegen Tolstoi nicht. »Sie beunruhigen sich umsonst,« sagte er, »ich habe Tolstoi nie gesehen und kann seine Lehre natürlich nicht annehmen; er erinnert mich aber an die alttestamentlichen Propheten, die ebenso wie er selbst nicht wußten, was sie sprachen, deren Worte aber in nicht ferner Zukunft Bestätigung fanden. Sie müssen zugeben, daß auch bei Tolstoi kein Mangel an schönen Gottesfunken ist. Schon dafür gebührt Tolstoi Dank, daß er manche Fragen aufgeworfen hat, mit denen sich vordem in unserer Literatur niemand beschäftigte. Dahin gehört sein Rat, betreffend Reinheit im Eheleben, Würdigung der Kunst und anderes; wieviel treffende Bemerkungen finden Sie fast in jedem Artikel! Denken Sie daran, welch herrliche Predigt er jungen Leuten in der ›Kreuzersonate‹ hält und mit wie starken Worten er das zügellose Leben unserer Jugend geißelt, wegen dessen niemand ihnen Vorwürfe macht, weil es als zur Ordnung der Dinge gehörig betrachtet wird!«

Ich muß indessen gestehen, daß kein Zureden und keine Ermahnungen mich ganz beruhigen konnten, sondern daß Furcht, unablässige Furcht, wie eine fixe Idee mir keine Ruhe ließ. Der Gedanke, Leo könnte die heranwachsende Jugend verderben, nahm mir Herz und Vernunft gefangen, und alsbald nach meiner Rückkehr aus Jaßnaja Poljana beschloß ich, nochmals ruhig und überlegt an ihn zu schreiben.

Obgleich ich meine Briefe an Tolstoi niemals in diesen Erinnerungen veröffentlichen wollte, mag dieser eine wegen der Antwort Tolstois hier folgen:

»... Ich lese die mir gegebene Biographie Parkers mit Interesse und Kummer, demselben Kummer, den ich nach einigen unserer Gespräche empfand; ich sage ›einigen‹, weil jedesmal, wenn deine Worte vom Herzen kommen, mein Herz darauf antwortet und ich mich völlig eins mit dir fühle.

... Deine anatomische (du wirst sagen: philosophische) Zergliederung der Religion erweckt ein unbeschreiblich drückendes Gefühl in mir, als wenn mein Leben völlig vernichtet würde. Du liebst Christus, willst ihm nachfolgen (davon bin ich mit Freuden überzeugt), und dennoch verstehen wir uns nicht, weil du dich darauf versteifst, in ihm nur den größten Moralprediger zu erblicken – seine göttliche Natur dagegen nicht anerkennst. Das ist von meiner Seite keine Anklage, sondern ein Ausdruck tiefsten Kummers. Die Übereinstimmung auf dieser Grundlage wäre für mich unschätzbar, aber die Stimme, die mich zur Wahrheit ruft, ist zu verschieden von der deinigen.

Jesus sagt zu mir: ›Glaube, so wirst du erlöst.‹ Du aber sagst: ›Die Vernunft ist dir zum Urteilen gegeben; benutze sie.‹ Das Evangelium verkündet: ›Betet, tut Gutes, klopfet an, so wird euch aufgetan.‹ Du dagegen: ›Gebet ist Zeitverlust; tut Gutes, verteilt eure Habe, verzichtet auf alles um eurer Nächsten willen.‹

Ich bin aber nicht imstande, Gutes zu tun, meine Habe hinzugeben und sogar zu lieben, wenn ich nicht vorher durch das geheimnisvolle, aber sehr wirksame Band mit dem Erlöser verbunden bin, das fester ist als alle Gedanken- und Vernunftvereinigung, oder einfacher, das nichts mit dieser gemein hat, da es eine von uns unabhängige Kraft und Offenbarung bedeutet.

Das Geständnis des Paulus: ›Das Gute, das ich will, tue ich nicht, sondern das Böse, das ich nicht will‹ – muß in der Seele jedes vernünftigen Wesens widerklingen. Ja, ich will das Gute; meine sündige Natur aber widersetzt sich diesem Wunsch in jedem Augenblick meines Lebens. Wer anders kann mir helfen als die Gnade des Heiligen Geistes, den Christus uns anzurufen befiehlt und den er allen zu senden verspricht, die ihn heiß und inständig bitten.

Ohne diese Hilfe bin ich sicher ganz ohnmächtig. Du dagegen hältst es für möglich, die Gebote Christi durch eigene Willenskraft zu erfüllen. Wenigstens begegnet man diesem Gedanken in all deinen Werken.

Das Evangelium ist die Lebenssonne – das gibst Du selbst zu; fügst aber sofort hinzu: ›Hütet euch, in jedem ihrer Strahlen das gleiche Licht zu erblicken: man muß sie nach ihrer Wichtigkeit wohl unterscheiden; es gibt unnütze, sogar schädliche unter ihnen.‹ Ich dagegen kann in Erkenntnis meiner Schwäche und Nichtigkeit auf keinen dieser Strahlen verzichten, sondern muß damit die Finsternis vertreiben, in der meine Seele schmachtet – sobald nicht das ganze Licht des Evangeliums sie belebt.

Christus, der gesagt hat: ›Hört meine Worte,‹ sagte auch: ›Glaubt meinen Werken.‹ Du dagegen sagst: ›Nein, glaubt nur seinen Worten; seine Werke, seine Wunder, seine Opfer sind nutzlos, und die Erlösung hat keinen Sinn. Er ist nur gekommen, um eine neue Lehre zu verkünden.‹

Wie sollen wir, mit allen unsern Fehlern, diese göttliche Lehre im weitesten Sinne erfüllen? Wer macht unsere zahllosen täglichen Irrungen und die vielen Sünden wieder gut, die wir begehen, bevor diese Lehre uns zum Bewußtsein kommt? Hat unser Herz Kraft genug, um die Reue herbeizuführen, die unserem Fall entspricht? Wir geben uns kaum über einen kleinen Teil des Übels Rechenschaft, das unser Leben erfüllt.

Ich bewundere die Kühnheit des heiligen Paulus, dessen Herz in Liebe zum Heiland brennt: er hört demütig alles an, was ihm von oben geoffenbart wird, und beeilt sich, die Juden und Heiden auf den einzigen Weg des Heils nach sich zu ziehen. Ich protestiere aber gegen die vielleicht unbewußte Kühnheit eines Parker, wenn er mir beweist, daß die Leiden und der Tod des Heilands meine Sünden nicht sühnen können.

Wenn er mich davon überzeugte, würde er mir mit einemmal die Hoffnung auf Unsterblichkeit nehmen und mein Herz der Verzweiflung überliefern.

(Um mich richtig zu verstehen, bemüh dich, lieber Leser, dir vorzustellen, wie Du empört wirst, wenn man dir erklärt, die Lehre Christi wäre falsch und unnütz ...)

Du verkündest die Lehre Christi und tust gut daran; rühre aber um Gottes willen nicht an die Wahrheiten, die mit deinen Überzeugungen nicht übereinstimmen – sie sind trotzdem von der größten Wichtigkeit für die christliche Welt, was durch Jahrhunderte von vielen Leuten bewiesen ist.

Ich las irgendwo, die Chinesen machten den Europäern mangelhafte Pietät zum Vorwurf, die bei ihnen als Fundament der sozialen Ordnung gilt.

Deine liebe Hand möchte natürlich niemandem Schmerz verursachen; dabei gebrauchst du Worte, die uns geringeren Wesen bitter weh tun. Unwillkürlich fällt mir der Bibelspruch ein: ›Zieh deine Schuhe aus, denn diese Stätte ist heilig.‹ Ist das nicht auch mit Herzen der Fall?

Das Gebot der Liebe existiert für alle, nicht wahr? Mehr als andere beugst du dich vor ihm mit Eifer und Inbrunst; warum also den verkleinern, der die Liebe gegeben hat?

Du sagst, deine Worte seien keine Predigt; du schriebst nur, um dir selbst verschiedene Fragen zu erklären. Du weißt aber sehr wohl, daß dir eine Menge Menschen folgt, und je despotischer du in deinen Überzeugungen bist, um so größer ist die Gefahr für jene.

Sehr wohl möglich, daß deine Stimme Verirrte oder Ungläubige auf den rechten Weg führt; wird sie aber auch Leidende trösten?

Was gibst du denen, die vor Schmerz schreien und die aller Beweise der Liebe und Macht Christi bedürfen, um sich im Glauben an seine Lehre zu stärken? Diese Leute werden sich kaum mit deinem gekürzten Evangelium begnügen.

Für Philosophen und starke Geister ist es natürlich schwer, alle übernatürlichen Erscheinungen auf Treu und Glauben hinzunehmen. Dieser Glaube wird nur der kindlichen Einfalt und der Demut verliehen. Der Herr hat klar seine Gedanken ausgedrückt, als er die Kindlein zu sich berief; den Leuten, die so sind wie sie, gehört das Himmelreich.

Begreife, daß ich nicht urteilen und besonders dich nicht tadeln will. Es handelt sich bei uns nicht um Bekehrung oder Übereinstimmung – seine Meinung wird wahrscheinlich keiner von uns beiden ändern.

Was ich hier schreibe, ist nichts anderes als die Fortsetzung einer herzlichen Unterhaltung zwischen dem Freunde Leo und seinem alten ›Mütterchen‹. Dieses ›Mütterchen‹ hat, trotz aller Meinungsverschiedenheiten, niemals aufgehört, ihn zu lieben, weil Leo, der Mensch, stets mehr Recht auf ihre Anhänglichkeit hat als der berühmte Schriftsteller und Abgott zweier Welten. Sie ist aber nicht minder hartnäckig als du und genießt einstweilen noch das Vorrecht, ihre Meinung frei aussprechen zu dürfen, und hört nicht auf, dir das Wort des Evangeliums in das Gedächtnis zu rufen: ›Das eine tut, und das andere lasset nicht.‹

Leb wohl, lieber Freund; wir wollen uns die Hand reichen und Gott unablässig bitten, daß er keinen Winkel unseres Herzens im Dunkeln läßt, auf daß wir wahrhaft nach seinem Willen leben.

Alexandrine Tolstoi.«

Die Antwort Leo Tolstois lautete:

»Ich fürchte, daß ich dir nicht sehr ausführlich schreiben kann, liebe Freundin, fürchte aber noch mehr, deinen guten, von Liebe durchdrungenen Brief unbeantwortet zu lassen. Deine Vorwürfe sind wirklich unbegründet, liebe Freundin. Du sagst: wirke nicht auf andere, denn deine Überzeugungen können irrtümlich und falsch sein. Dieses Argument ist nicht richtig, und was die Hauptsache, es kann mit weit mehr Recht gegen die Kirchenlehre angewendet werden. Wenn Leute die Kirchenlehre für falsch halten, wie weh müssen sie dann durch diese schreckliche falsche Propaganda berührt werden, die einfache unschuldige Leute und kleine Kinder einfängt. Bei Meinungsverschiedenheiten darf man nicht von den Folgen sprechen, die durch falsche Meinungen hervorgerufen werden; man muß von den Meinungen selbst sprechen. Lüge bleibt immer Lüge und verderblich.

Zu meinen Gunsten will ich nur sagen, und bitte dich sehr, in dem Geist der Liebe, in dem du mir schriebst, diese Worte aufzunehmen und abzuwägen: ich behaupte nichts, was du nicht anerkennst, und deswegen genieße ich die Freude, daß du in allem, wodurch ich lebe, völlig mit mir übereinstimmst. Du dagegen behauptest vieles, was ich nicht anerkennen kann, und deswegen macht es dir Kummer, daß nicht nur ich, sondern Millionen Menschen deine Behauptungen nicht anerkennen. Was ist die Ursache dieser Meinungsverschiedenheit? Du stimmst mit den Mohammedanern nicht überein, weil sie Vielweiberei und anderes predigen; sie stimmen aber mit dir darin überein, daß die Lehre Christi wahr ist. Wer ist also schuld an der Meinungsverschiedenheit?

Aber darauf kommt es nicht an. Die Hauptsache ist folgendes. ›Ich will Gutes tun und tue Schlechtes.‹ Wenn ich wirklich in meinem Leben stets nur Schlechtes tue und nicht um ein Härchen besser werde, das heißt nicht anfange, ein wenig minder Schlechtes zu tun, so lüge ich sicher, indem ich sage, ich wollte Gutes tun. Wenn jemand nicht um der Menschen, sondern um Gottes willen Gutes tun will, so rückt er auf dem Wege des Guten stets vorwärts. Mag diese Bewegung, die Annäherung an Gott, noch so gering sein – sie stärkt jedenfalls, gibt Hoffnung und Freude und das Bewußtsein, daß man wenigstens zu einem kleinen Teile Gottes Willen erfüllt.

Auf der Badewanne eines Kaisers von China stand geschrieben: ›Erneuere dich jeden Tag, jede Stunde, immer und immer wieder.‹ – ›Bittet, so wird euch gegeben, klopfet an, so wird euch aufgetan‹ bedeutet dasselbe. Das ganze Leben ist nur eine Bewegung auf dem Wege der Annäherung an Gott – darin stimmen wir überein –, und diese Bewegung ist erstens dadurch eine frohe, daß man dem Licht immer näher kommt; zweitens dadurch, daß man bei jedem neuen Schritt sieht, wieviel des frohen Weges noch vor einem liegt. Du dagegen sagst: meine Sünden, meine Unvollkommenheit sind – Schwäche. Ich habe es doch aber in diesem Falle nicht mit dem Kreisgericht zu tun, sondern mit dem Gericht Gottes. Gott aber ist die Liebe. Ich kann Gott nicht anders auffassen als allweise, allwissend und besonders nicht etwa als Böses nachtragend (das nicht zu sein, bemühe ich mich sogar), sondern als unendlich barmherzig. Wie kann ich also, solchem Richter gegenüber, meiner Sünden und Schwächen wegen Angst haben? Das ganze Evangelium ist voll von direkten wie indirekten Andeutungen der Vergebung, des

Nichtvorhandenseins der Sünden, wenn man Gott liebt. Du sagst: Gott hätte im voraus – ich weiß nicht, wie ich mich ausdrücken soll – die Verfügung oder Einrichtung getroffen, daß mir meine Sünden vergeben würden ... (Ich kann diese Gotteslästerung nicht ruhig anführen; vergib mir um Christi willen!)

Ist es für Gott, dem ich völlig angehöre, aus dem ich hervorgegangen bin, der mich kennt und liebt, der die Liebe und Barmherzigkeit ist – ist es für diesen Gott nicht einfacher, mir meine Sünden direkt zu vergeben? Und ist es nicht eine Gotteslästerung, zu sagen, daß Gott meine Sünden nicht vergeben kann oder will, während ich glaube, daß er das will und tut, und es für mich unmöglich ist, zu glauben, daß er die Menschen bestraft, wenn sie nicht glauben, daß er ihnen im voraus vergeben hat ... (ich kann diese gotteslästerlichen Worte nicht ohne Schreck wiederholen), und auch mich bestrafen wird, wenn ich nicht glaube, daß er ein unvernünftiger und böser Gott ist.

Wenn man dem habgierigsten Menschen sagt: Willst du die Erbschaft haben, so gib zu, daß deine Mutter (von der der Betreffende weiß, daß sie eine reine heilige Frau ist) mit einem Reichen eine Liebschaft hatte – so würde er niemals diese Unwahrheit und Kränkung des Liebsten, was er hat, zugeben und anerkennen. –

Ich habe viel Überflüssiges geschrieben; ich wollte nur sagen: Wir alle streben, wenn wir ein menschliches Leben führen, zu Gott, indem wir uns ihm durch den Vermittler zwischen Gott und den Menschen: Jesus Christus nähern. Vom allertierischsten, verdorbensten Zustande an bis zur größten Heiligkeit fühlen wir gleichmäßig, daß unser Leben voll Sünde ist. Wer dieses wahre Leben begonnen hat, weiß stets, daß er sich – mag es noch so langsam geschehen – dem Licht nähert, diese Richtung wahrnimmt und an die Bewegung in dieser Richtung sein Leben setzt. Die Sünden und Schwächen der Menschen sind groß und die Vollkommenheit stets unendlich fern; man trachtet aber stets danach, sie zu erreichen. Dabei stärkt uns der Glaube an die Gnade Gottes und seine Barmherzigkeit und Liebe zu uns und zeigt, daß die anscheinende Unmöglichkeit, durch eigene Kraft Befreiung von den Sünden, Vollkommenheit und Gnade zu erlangen, mit Gottes Hilfe möglich wird. Du sagst, diese Hilfe ist vor 1900 Jahren erfolgt; ich aber denke, daß Gott so, wie er stets war, auch jetzt ist; daß er stets den Menschen Hilfe erweist, stets barmherzig ist und ihre Rettung, das heißt ihr Heil, wünscht und denen, die ihn suchen, nie fern ist.

Ich verstehe, wie teuer dir die Vorstellungsform von Gott und seiner Liebe ist, an die du dich einmal gewöhnt hast; ich begreife aber nicht, warum andere genau dieselbe Auffassungsweise haben sollen wie du? Man könnte das noch begreifen, wenn es sich um etwas Neues, neu Entdecktes handelte

– es ist aber die ur-uralte, allen, nicht nur mir sehr bekannte und, wie du findest, sehr tröstliche Vorstellung. Also warum haben die Leute, die Gott suchen und die Lehre Christi kennen, sie sich nicht zu eigen gemacht? Ich verstehe, daß diese Lehre den befriedigen kann, der niemals an Gott und an Christus gedacht hat, und ich freue mich sehr über die, die sie sich zu eigen machen. Warum soll man aber glauben, daß Leute, die Gott suchen, ohne Grund auf diese so trostreiche Lehre verzichten? Augenscheinlich haben sie Gründe, die dir nicht zugänglich sind. Was ist dabei zu machen? Laß sie in Ruh, vergib ihnen und lieb sie so, wie sie sind. Willst du aber mit ihnen übereinstimmen, so dring ernsthaft in ihre Gründe ein und erforsch die ganze Angelegenheit von Anfang an; gib die Möglichkeit zu, daß auch dein Glaube falsch sein kann. Das aber tust du nicht; ich weiß, du willst und kannst es nicht. Dir ist auch so gut. Geh deinen Weg. Alle, die dem einen Ziel zustreben, treffen bei ihm zusammen.

Ich liebe dich von ganzer Seele und küsse dich.

L. T.«

Mehr als zehn Jahre sind verstrichen, seit ich die letzten Zeilen meiner Erinnerungen an Leo Tolstoi schrieb.

In diesem zehnjährigen Zeitraum hat Tolstoi seinen Platz in der Literatur nicht nur niemandem abgetreten, sondern sein Ruhm nahm ständig zu. Jedes seiner Werke erregte beim Erscheinen in allen Schichten der russischen Gesellschaft wie im Auslande begeistertes Interesse. Es ist schwer, sich die Vorgänge zum Beispiel bei Erscheinen der »Kreuzersonate« und der »Macht der Finsternis« vorzustellen. Noch nicht zum Druck freigegeben, wurden diese Werke schon in Tausenden von Exemplaren abgeschrieben, gingen von Hand zu Hand, wurden in alle Sprachen übersetzt und überall mit unglaublicher Leidenschaft gelesen. Es schien bisweilen, als wenn das Publikum, alle persönlichen Angelegenheiten vergessend, nur für die Literatur des Grafen Tolstoi lebte. Die wichtigsten politischen Ereignisse wirkten auf die Massen nicht mit solcher Macht. Die erwähnten beiden Werke erschienen in den letzten Regierungsjahren Kaiser Alexanders III., der Tolstoi außerordentlich liebte und es selten glaubte, wenn man ihm nicht ganz beifällig aufgenommene Artikel brachte, die Tolstoi zugeschrieben wurden. »Nein,« sagte der Kaiser dann, »mein Tolstoi schreibt so etwas nicht.«

Der Kaiser fragte mich oft nach Tolstoi und beriet sich sogar mit mir, wenn es sich um die Zensur der Tolstoischen Werke handelte. So war es auch mit der »Kreuzersonate«. Es kam darauf an, ob das Werk zum Druck freigegeben werden sollte oder nicht. Ich erlaubte mir meine Meinung in bejahendem Sinne zu äußern und hielt dem Kaiser vor, daß ganz Rußland das Werk schon mit Gier gelesen hätte und daß die Freigabe die Erwartungen des Publikums nur herabstimmen könnte. An demselben Tage unterhielten wir uns über die Popularität Tolstois, und ich äußerte mich dahin, daß in Rußland eigentlich nur zwei Personen wahrhaft populär seien: Graf Leo Tolstoi und Pater Johann von Kronstadt.

Der Kaiser lachte sehr über diese Zusammenstellung, gab aber zu, daß sie richtig sei, trotz der Grundverschiedenheit der beiden Typen, die nur das gemeinsam hätten, daß zu beiden Angehörige aller Stände um Rat kämen.

»Wenn die Sonne allzu hell strahlt, sind Wolken nicht fern.« Dieses Sprichwort bewahrheitete sich auch an Tolstoi. Auch für ihn brachen trübe Zeiten herein. Einerseits ging die Verehrung und Beweihräucherung weiter; andererseits erschienen Feindschaft und Neid.

Nach meiner Auffassung gibt es nichts Traurigeres als Zeitungskriege. In Moskau rührten sich plötzlich ganze Scharen unterirdischer Ratten, die sich bemühten, Tolstoi nicht nur in der Gegenwart, sondern auch in der Vergangenheit anzuschwärzen, indem sie längst vergessene literarische Sünden ans Tageslicht zerrten, die jeder Autor und Poet in seiner Jugend und Prahlerei sich erlaubt.

Das Schlimmste kam dann einzig durch die eigene Unvorsichtigkeit Tolstois, der jede sogenannte öffentliche Meinung, besonders aber die Zensur verachtete. Er ließ einen nicht für die Presse bestimmten sehr regierungsfeindlichen Artikel von einem englischen Journalisten mitnehmen, worauf dieser richtige Sohn des perfiden Albion den Artikel unverzüglich in seiner Zeitung abdruckte; dabei versichernd, Tolstoi hätte ihm die Erlaubnis erteilt.

Man kann sich vorstellen, mit welch teuflischer Schadenfreude die Zeitungsratten in Moskau über diesen Artikel herfielen, ihn nachdruckten, mit Kommentaren versahen und den Gedanken des Autors natürlich einen ganz anderen Sinn beilegten. Ich will den Sturm nicht schildern, der sich nach diesem Artikel in ganz Europa erhob, und welche Strafen man für den armen Leo Tolstoi ersann. Sibirien, Festung, Verbannung, fast den Galgen sagten ihm die Moskauer Journalisten voraus. Die ausländischen Zeitungen waren ebenfalls voll von dem Ereignis und zwei, drei Monate lang erhielt ich von überall, Amerika nicht ausgenommen, Briefe mit der Anfrage, wozu denn nun eigentlich der berühmte Schriftsteller verurteilt sei?

Als ich einst zum Grafen Dmitri Andrejewitsch Tolstoi, dem damaligen Minister des Innern kam, traf ich ihn in großer Aufregung.

»Ich weiß wirklich nicht, was ich tun soll,« sagte er. »Sehen Sie diese Anzeigen gegen Leo Tolstoi. Die ersten habe ich einfach *ad acta* gelegt; ich kann doch aber dem Kaiser die ganze Geschichte nicht einfach verheimlichen.«

»Natürlich nicht,« erwiderte ich. »Der Kaiser liebt aber Tolstoi sehr! vielleicht mildert das sein Urteil.«

Es zeigte sich dann, daß der Kaiser unsere Erwartungen weit übertraf. Seine Weisheit entschied die Frage auf ganz andere Art. Auf den Vortrag des Ministers über das Vorgefallene und die starke Erregung des Publikums erwiderte der Kaiser folgendes:

»Ich bitte Leo Tolstoi nicht anzurühren; ich habe nicht die Absicht, einen Märtyrer aus ihm zu machen und mir die Mißbilligung ganz Rußlands zuzuziehen. Ist er schuldig, um so schlimmer für ihn.«

Der Minister kehrte sehr glücklich aus Gatschina zurück; im Falle strenger Maßregeln wären natürlich auch auf ihn Vorwürfe entfallen.

Mit Tolstois sprach ich, als wir uns dann wiedersahen, niemals über diese Episode, in der ich zu viel Widersprüche und zu wenig Klarheit fand.

Ich weiß nicht mehr, ob vor oder nach diesem Vorfall Tolstois Gattin nach Petersburg kam, um eine Audienz beim Kaiser zu erlangen und ihn um Schutz gegen die Moskauer Zensur zu bitten, die jede Gelegenheit wahrnahm, Tolstoi zu schikanieren und zu benachteiligen. Der Kaiser empfing die Gräfin sehr liebenswürdig, stellte sie der Kaiserin vor, unterhielt sich lange mit ihr und gab seine Zustimmung zu all ihren Wünschen. Leider verschwand diese Wohlgeneigtheit nach einiger Zeit, teils aus Unbedachtsamkeit der Tolstois, teils infolge Verleumdungen. Unter anderem hatte der Kaiser den Druck der »Kreuzersonate« nur in den gesammelten Werken Tolstois, nicht aber als Einzelausgabe gestattet. Da wurde plötzlich, man weiß nicht durch wessen Schuld (natürlich nicht die der Gräfin Tolstoi), die Sonate als Broschüre feilgeboten. Sofort hinterbrachten das die nimmer rastenden »Freunde« dem Kaiser, und als ich zur Verteidigung der Tolstois (ohne ihr Wissen) beim Kaiser erschien, war es schon zu spät. Der erzürnte Kaiser ließ mich nicht zu Ende sprechen, sondern brach in heftige Verwünschungen gegen Tolstoi aus.

Übrigens übte der Kaiser nie Vergeltung; ich war aber tief bekümmert, daß der wechselseitige gute Eindruck für immer verdorben war.

Der hervorstechendste Charakterzug Alexanders III. war unerbittlicher Haß gegen Lüge und Betrug. Er selbst war ohne Falsch.

Im Jahre 1891 kam ich wieder nach Jaßnaja Poljana und fand dort keine Veränderungen vor; nur waren die Kinder groß geworden, und an das Haus war eine Veranda angebaut, wo man sich nach dem Essen versammelte, wenn die Hitze nicht allzu groß war. Tolstoi schrieb damals ein Werk über den Frieden und das völlige Aufhören des Krieges. Wahrscheinlich wollte er sich vergewissern, welche Wirkung seine neuen Dogmen auf mich ausübten, und so sprach er denn über dieses Thema sehr beredt. Es wurden viele, sehr schöne und gesunde Gedanken von ihm ausgesprochen; alles zusammen bildete aber ein solches Bukett phantastischer, ultraromantischer Utopien, daß nur ganz exaltierte Verehrerinnen sich dadurch hinreißen lassen konnten. Ich hörte ihn schweigend an. Nur zweimal erwiderte ich auf seinen fragenden Blick:

»Sehr schön auf dem Papier; nur schade, daß sich das nicht verwirklichen läßt.«

Er hörte nicht auf mich, sondern fuhr in seiner Predigt fort.

Sophie Andrejewna teilte mir nachher mit, daß Leo auf ihre Frage, worüber er so lange mit mir gesprochen – geantwortet hätte: »Ich habe Alexandrine zu meinen Gedanken über den Krieg bekehrt.«

Wir lachten sehr über diese Prätension.

Einmal fragte mich eine der Töchter, was ich über den Vegetarianismus dächte?

»So gut wie gar nichts,« erwiderte ich, »weil das eine so gleichgültige Frage ist, daß ich niemals ernstlich darüber nachgedacht habe. Sie kann nur dann wichtig werden, wenn die Menschen sich einbilden, dadurch Gott zu dienen – und in diesem Falle nehme ich an, daß sie sich irren. Übrigens ist die Frage längst entschieden.«

Leo hörte das schweigend mit an. Abends am Teetisch aber, als ich die Hand ausstreckte, um einen Teller mit Schinken zu ergreifen, rief er ironisch: »Gratuliere zum Essen vom toten Schwein!«

War das Scherz oder Rache – jedenfalls wurde mir mein Butterbrot zuwider.

Der Vegetarianismus spielte im Tolstoischen Hause eine große Rolle und machte die Arbeit der armen Hausfrau noch komplizierter. Außerdem teilte er die Familie in zwei Lager. Es war bisweilen sehr komisch, wie Sophie Andrejewna bei Tisch feierlich erklärte, sie ließe *ihre* Kinder nicht vegetarisch leben. *Ihre* Kinder nannte sie die noch nicht zwölf Jahre alten.

Sie hatte stets Sorge um ihren Mann, dem die Ernährung durch Brot, Kartoffel, Grütze, Kohl, Pilze usw. bei seinem chronischen Leberleiden sehr schädlich war.

Es geht das Gerücht, daß die Gräfin zur Zeit seines Gallenleidens heimlich Bouillon unter all diese Gerichte mischte und daß Tolstoi es nicht bemerkte, oder nicht bemerken wollte – ähnlich gewissen Mönchen.

Wenn ich Tolstoi während des Essens beobachtete, fand ich stets, daß er wie ein ausgehungerter Mensch allzu schnell und gierig aß. –

Was viele Menschen, auch ich, für ein großes Glück halten, nämlich Gefühlsgemeinschaft mit anderen und Übereinstimmung in den Grundwahrheiten, hatte Tolstoi nicht nötig. Er hatte fast Scheu, mit anderen Sterblichen auf einer Stufe zu stehen, und gab sich vielleicht keine Rechenschaft darüber; in anderen Fällen aber griff er gierig nach jeder Äußerung einer oft nur scheinbaren Sympathie.

Bei einem unserer Zusammensein fragte er mich, ob ich die Predigten des amerikanischen Pastors X. (ich habe seinen Namen vergessen) schon gelesen hätte. Ich verneinte.

»Nun, dann lies bitte meinen Briefwechsel mit ihm; er ist in Sonderausgabe gedruckt, und merkwürdig, obwohl wir uns nie gesehen haben, stimmen wir in allen Urteilen über Leben, Religion und Menschenpflichten so überein, als hätten wir stets zusammengelebt. Ich halte ihn für meinen besten Freund. Er wäre jetzt achtzig Jahre alt; schade, voriges Jahr ist er gestorben.«

Ich nahm das Buch des Amerikaners abends mit, da ich die schlechte Angewohnheit habe, nachts zu lesen. Wie groß aber war mein Erstaunen und meine Verwunderung! Der Pastor schrieb genau das, was jeder rechtgläubige, von Tolstois Theorien nicht beeinflußte Mensch tausendmal gedacht und gesprochen hat.

»*My dear brother*« begann der erste Brief im sanften Tone eines Reverend: »Ich bin glücklich, mit Ihnen bekannt geworden zu sein, und möchte mit Ihnen völlig übereinstimmen, aber« – und dann folgte eine feine, aber unerbittliche Kritik aller Tolstoischen Axiome, die mich an die Stelle im Evangelium erinnerte: Moses hat euch das und das gesagt; ich aber sage euch ... usw.

Der *dear brother* erwiderte ganz im Geiste seines göttlichen Lehrers, wich aber nicht um einen Schritt zurück, wenn es sich um den Ausspruch handelte, dem Tolstoi solch verkehrte Auslegung gab, und der sozusagen den Kernpunkt aller Tolstoischen Theorien bildet: »Du sollst dem Bösen keine Gewalt entgegensetzen.«

Dann erhob der Amerikaner seine Stimme und enthüllte kühn das Falsche dieser Ansicht sowie ihre Unanwendbarkeit im Leben.

»Wenn ein Räuber oder ein Verrückter in Ihr Haus kommt, geben Sie ihm nicht nur Ihre Habe, sondern auch Ihr Weib und Ihre Tochter. Ich aber, *dear brother*, suche ihn möglichst festzubinden und möglichst schnell zu entfernen, und kann in Ihrer unverständlichen Nachsicht nicht die geringste wahre Liebe entdecken.«

Beim Lesen dieser Stelle wäre ich vor Freude bald aus dem Bett gesprungen und strich mit starken Strichen alle Bemerkungen an, die mich durch ihre Wahrheit überraschten. Am nächsten Tage ging ich, das Buch in der Hand, in Leos Arbeitszimmer mit einer Miene, in der meine unschuldige Schadenfreude wahrscheinlich allzu deutlich zu lesen war.

»Nun, hast du das Buch gelesen?« fragte Leo.

»Gewiß; ich habe eine reizende Nacht damit verbracht. Weißt du auch, lieber Freund, daß dein Amerikaner ein Kleinod ist?«

»Und das sagst du?«

»Gewiß; ich bestätige es ausdrücklich und bin bereit, es zu unterschreiben. Wie schade, daß wir uns nicht treffen können. Wir würden uns ausgezeichnet verstehen.«

Dann legte ich, um meinen Triumph nicht allzu deutlich zu zeigen, das Buch auf den nächsten Tisch.

Leo erwiderte nichts. Sobald ich mich aber umwandte, griff er nach dem Buch und sah die angestrichenen Stellen durch. Natürlich erlaubten Stolz oder Eigenliebe ihm nicht, seinen Fehler einzugestehen. Das Sonderbarste aber war: wie konnte er sich so irren?

Der liebe gute und oft so unlogische Leo Tolstoi! Wieviel steckte in ihm von dem, was die Franzosen *pur enfantillage* nennen! Ist es nicht tatsächlich Kinderei oder Spielerei: dieses Schustern, Schleppen von Brennholz, Ofensetzen usw.? Er aber führte alles durchaus ernst, wie eine heilige Pflicht aus. –

Am selben oder nächsten Tage waren wir abends allein in Tolstois Arbeitszimmer. Er war nicht sehr fröhlich und brachte selbst die Unterhaltung auf folgendes Thema (wahrscheinlich hatte ihn etwas gereizt):

»Du sagst immer, ich atme und lebe nur von Weihrauch. Wie viele Menschen tadeln mich aber ganz mit Recht, weil mein Leben mit meiner Lehre nicht übereinstimmt.«

»Mir scheint,« erwiderte ich, »daß man dich am meisten wegen deiner unerfüllbaren Theorien tadelt. Um sie buchstäblich zu erfüllen, müßtest du damit beginnen, daß du zunächst einmal verschwändest – nicht wahr? Du hast aber Familie und hast kein Recht, weder sie zu verlassen noch ihr dein

Streben und deine Überzeugungen aufzubürden. Du selbst hast bis in dein reifes Alter angenehm gelebt – das wollen sie auch, da sie nicht die geringste Neigung zur Bettelarmut und Feldarbeit oder zum Leben in einer Hütte verspüren.«

Leo hörte schweigend zu. Ein finsterer Ausdruck zog über sein Gesicht. Endlich sagte er, tief atmend: »Du siehst, ich handele ja auch so (daß ich ihnen in allen Dingen freie Hand lasse); aber es wird mir schwer ...«

Nach dem Tee las Leo uns norwegische Novellen in russischer Übersetzung vor, die er sehr lobte und auch tatsächlich gut las, allerdings etwas befangen, wenn gefährliche, d. h. nicht ganz anständige Stellen kamen.

Ich sah Tolstoi seitdem noch zweimal. Einmal bei meiner Durchreise durch Moskau nach Woronesh zur Prinzessin von Oldenburg auf der Bahnstation, wohin er mit seiner Tochter Tanja kam und sehr fröhlich war, so daß mir der allerangenehmste Eindruck blieb. Ich scherzte, daß er so elegant gekleidet sei; er trug einen wirklich sehr feinen Pelz und ebensolch schöne Mütze – wahrscheinlich Fürsorge seiner Frau –, er selbst wäre nie auf den Gedanken gekommen.

Als die Zeit zum Einsteigen kam, gab Leo mir die Hand und fragte, ob ich mich nicht genierte, mich mit ihm zu zeigen.

»Auf englisch nennt man das ›*fishing for compliment*‹,« sagte ich, »du weißt sicher, lieber Freund, daß viele Damen in diesem Augenblick an meiner Stelle sein möchten.«

Meine Liebenswürdigkeiten waren so selten, daß er sich hiermit zufriedengab. –

Mein zweites und letztes Wiedersehen fand einige Jahre später in Petersburg statt.

März 1899
Winterpalais, Petersburg

Gräfin A. A. Tolstoi.

(1) Merkwürdig; so viele Jahre haben wir uns nicht gesehen, und ich finde Sie immer noch auf demselben Punkt, der mich, bei allem Reiz, den Ihre Werke ausüben, stets an ihnen überrascht hat. Ich hoffte, Sie würden mit der Zeit festeren Boden unter den Füßen gewinnen.

(2) A. M. Kusminski hatte Tolstois Schwägerin geheiratet.

(3) Tolstois Vertrauensmann.

(4) »Im Anfang war das Wort, und das Wort war bei Gott, und Gott war das Wort.«

Booksophile
Your Local Online Bookstore

Buy Books Online from

www.Booksophile.com

Explore our collection of books written in various languages and uncommon topics from different parts of the world, including history, art and culture, poems, autobiography and bibliographies, cooking, action & adventure, world war, fiction, science, and law.

Add to your bookshelf or gift to another lover of books - first editions of some of the most celebrated books ever published. From classic literature to bestsellers, you will find many first editions that were presumed to be out-of-print.

Free shipping globally for orders worth US$ 100.00.

Use code "Shop_10" to avail additional 10% on first order.

Visit today
www.booksophile.com